Gerda Nissen

…und füllt mein Herz mit Freude

Aus meinem Gartentagebuch

Gerda Nissen

... und füllt mein Herz mit Freude

Aus meinem Gartentagebuch

BLV

Inhalt

Urlaub vom Garten

Bevor der Winter ein Machtwort spricht, bereitet er den Garten mit Nebelschleiern und Reifkristallen auf seine Herrschaft vor.

Der Wind hat auf Nordost gedreht – und immer noch kein Schnee. Man riecht den Frost in der Luft. Ich werde nach der Heizung sehen und mir einen Kaffee kochen. Das ist schön – die erste Pause nach den vielen Feiertagen. Kein Programm mehr. Ruhe im Revier.

Im Keller stoße ich auf den Rasenmäher, buchstäblich, nämlich mit dem Knöchel. Autsch, sage ich, wieso schläfst du noch nicht? Ich denke, du hast mich längst vergessen?

Hat er aber wohl nicht, denn es war erst Anfang Dezember, daß wir unsere gemeinsame Saison beendeten. Natürlich viel zu spät. Wir waren mal wieder die letzten im ganzen Viertel. Vor allen ordentlichen Gärtnern, die schon zufrieden beim Adventskaffee saßen, habe ich mich geschämt.

Na, Schwamm drüber. Alles ist vergessen – die Schlammschlachten im Novemberregen, die Wettläufe mit der frühen Dunkelheit, der zähe Lehm an den Gummistiefeln. Für zehn genüßliche Wochen werde ich jetzt Urlaub vom Garten nehmen.

Für zehn? fragt eine zweifelnde Stimme in mir. Also gut, aber mindestens für acht.

Januar 8

Den Kaffee trinke ich im Sessel, der am Gartenfenster steht. Auch das ist schön: Die Tür hinter sich zumachen, in der Wärme sein und das unwirtliche Draußen sich selbst überlassen. Der Garten ist flach wie ein Teppich, zurückgegangen in die zweite Dimension. Nur das Pfeifengras steht senkrecht. Unvorstellbar, daß diese kahle Ebene jemals einen hüfthohen, bunten Dschungel von Pflanzen getragen haben soll. Wie habe ich es bloß geschafft, all das vom Frost versengte Grünzeug auf den Kompost zu bringen?

Unter einer warmen Mulchdecke und den immer noch bunten Herbstblättern der Bäume kuscheln sich meine Stauden in den Winterschlaf. Nur die Zwiebeln der Frühjahrsblüher führen schon ein heimliches Leben. In einigen Wochen werden sie als erste diese stille, in sich ruhende Fläche aufbrechen. Wie kleine, weiß, gelb und blaufunkelnde Edelsteine. Verstreut zuerst, dann dicht geschlossen – Vorläufer all der grünen Buckel und spitzigen Säulen, die sich im April und Mai auf wundersame Weise aus der dunklen Erde heben. Immer wieder fasziniert mich diese Rückkehr plastischer Pflanzenarchitektur. Bis dahin kann ich in Ruhe zusehen, wie mein Garten sich selber macht. Die meisten Leute wollen, daß ihr Garten auch im Winter nicht seine Gestalt verliert, daß das Prinzip seiner Anlage erkennbar bleibt. Sie erreichen das zum Beispiel mit den geometrischen Mustern der Buchsbaumhecken im formalen Garten, die noch im Schnee sichtbar bleiben und ein reizvolles Design von Licht und Schatten bilden. Andere helfen sich mit Gruppen von immer-

Tapfer hält die Berberitze ihren roten Beerenschmuck fest, während die Große Bibernelle ihren leeren Fruchtstand mit Diamantstaub aus Eis dekorieren läßt.

Nun, schönster Freund, wünscht´ich mir Frühlingsblumen....

William Shakespeare

grünen Gehölzen, die in der farblosen Jahreszeit markante Akzente setzen und Perspektive in die stille Fläche bringen. Auch laubabwerfende Gehölze und Sträucher tun da wertvolle Dienste. Oft ist das Filigran ihrer kahlen Äste und Zweige fast schöner als ihr Sommerkleid – ganz besonders, wenn Reif oder Schnee ihren schönen Wuchs kontrastreich nachzeichnen. Wenn ich solche Gärten im Winter sehe, bin ich entzückt. Und trotzdem war ich nie versucht, dieses Prinzip auf meinen Garten zu übertragen. Wer weiß, woran das liegt? Vielleicht lebt in mir noch insgeheim ein Stückchen Ur-Erfahrung vorgeschichtlicher Steppenvölker, die auf kahlen, unwirtlichen Ebenen überwintern mußten und unter deren Füßen das scheinbar tote Land alljährlich wie in einer Explosion von Duft und Farbe zu neuem Leben erwachte.

Es ist dieses »primitive« Glück, wieder einmal davongekommen zu sein, wieder das Wunder einer Neugeburt erleben zu dürfen, das mir mein öder Garten schenkt, wenn der Blüten- und Pflanzenteppich endlich die hartgefrorene Kruste sprengt. Das, was sich da gestaltet, erinnert in nichts mehr an den Garten des Winters – und so soll es sein für mich.

Winterlinge, Schneeglöckchen und sogar Märzenbecher sind manchmal schon im Januar dagewesen – fast zu früh für meine süße Winterlethargie – und wurden dann bei strengen Frösten mit Sorge beobachtet. Doch jetzt ist es noch nicht so weit.

Über den Rand der Kaffeetasse hinweg streifen meine Augen das dämmrige Gefilde halb träumerisch, halb aufmerksam – der Maulwurfshaufen wegen, die manchmal unversehens auf dem Rasen auftauchen. Ganz hinten am Rand meines Schattenbeetes, auf dem die Maiglöckchen, Blaublattfunkien und Astilben schlafen, leuchtet ein winziger heller Punkt.
Moment mal – war der gestern schon da? Ist er gelb oder ist er weiß?
Die Brille tut es nicht, also hole ich das Fernglas. Und im schiefergrauen Dämmerlicht reicht auch das nicht aus. Na, was soll's, ich will Kaffee trinken.
Doch es fängt an, in der Herzgegend zu kribbeln und in den Füßen auch. Könnte nicht doch schon ...? Wäre es möglich, daß da ein vorwitziges Ding von Winterling ...?
Ach, ich kenne das zu gut – wozu noch vergeblichen Widerstand leisten? Ich füge mich besser gleich in das Unvermeidliche: Gummistiefel und Anorak her, ich muß da leider mal hin.
Am Ort der Entdeckung sammle ich fröstelnd eine kleine, weiße Porzellanscherbe auf. So etwas Dummes – und dafür wird mein Kaffee kalt!
Nicht nur das, sagt die leise Stimme in mir, ab morgen wirst du jeden Tag nach dem ersten Winterling suchen. Urlaub vom Garten – welcher Gärtner hätte den je gehabt?

Den etwas langweiligen Bergenien haben die Züchter inzwischen hübschere Blüten anerzogen, doch der delikaten Schönheit ihrer winterlichen Farbpalette kann kein Mensch etwas hinzufügen.

Ein Hauch von Wärme

Wenn Märzenglöckchen und Krokus hervorbrechen, begreift man kaum, wie man in dem Schnee- und Eiskessel fortexistieren konnte.

JOHANN WOLFGANG V. GOETHE

Dies ist die Viertelstunde, von der ich seit November geträumt habe: Eingemummelt in den Steppmantel und eine warme Decke, nehme ich auf dem Campingsessel das erste Sonnenbad des Jahres. Das Thermometer auf der Schattenseite zeigt zwar nur vier Grad über Null, aber in der Ecke am Haus, die die Mittagssonne einfängt, sind es sicher schon zwölf.

Hier habe ich manchmal schon gesessen, wenn im Februar der Garten noch tief verschneit war. Ich erinnere mich zum Beispiel an das Jahr der Schneekatastrophe, als der Weg zur Garage zwischen Gartenzaun und Wallhecke einfach verschwunden war – schulterhoch zugeblasen vom Sturm aus Osten. Das Auto durfte Winterschlaf halten und Schaufel und Schneeschieber auch. Es war wohl keine gute Idee, sie in der Garage aufzubewahren.

Gegen die Westwand zum Garten lehnte sich eine drei Meter hohe Schneewehe, die mir wie eine Lawine entgegenrauschte, als ich die Küchentür nach innen öffnete.

Aber die Februarsonne schien vom strahlend blauen Himmel, und der geschützte Platz in der Hausecke war fast schneefrei geblieben. Er lockte mich so verführerisch, daß ich ohne langes Besinnen zur Kehrschaufel im Besenschrank griff und mich wie ein Maulwurf durch die weiße Masse wühlte.

Da saß ich dann, geblendet und erschöpft, und sah einen Garten, der nur aus weißen Schluchten und Höhenzügen bestand. Fremd, phantastisch, arktisch – eine niemals für möglich gehaltene Verwandlung hatte stattgefunden.

Doch diesmal muß ich keine Abenteuer bestehen. Die Sonne scheint auf fahles Gras, und nur im Schatten lauert noch ein bißchen Reif.

Ich lehne den Kopf zurück und schließe genußvoll die Augen. Lila Punkte und Striche tanzen hinter meinen Lidern. So viel Licht vom blauen Himmel ist man gar nicht mehr gewöhnt. Ganz allmählich legt sich ein Hauch von Wärme wie ein feines Seidentuch auf das Gesicht. Wie gut das tut – alles Dunkle, Kalte, Verkrampfte zerfließt zu nichts.

Ich bin ganz bei mir selber und doch nicht allein in meinem Wohlbefinden. Vor einer Stunde hat die Misteldrossel im benach-

Mit den Winterlingen macht der Februar jedes Jahr das Märchen von den Sterntalern wahr.

Noch fröstelt es im Schnee, doch ein paar Sonnenstrahlen genügen, daß das Schneeglöckchen seine Blütenblätter spreizt und süßen Duft verströmt.

barten Park zum erstenmal angeschlagen – drei oder vier kurze, feierliche Strophen, mehr ist noch nicht daraus geworden. Genau das richtige Maß für diesen vorwitzigen Frühlingstag, dem bestimmt eine klare, bitterkalte Nacht folgen wird.
Der Himmel über mir ist leer. Wahrscheinlich ist es noch zu früh für die Flugspiele verliebter Bussarde. Aber nicht lange mehr, dann werden die Wildgänse in großen Keilformationen nach Nordosten ziehen. Mein Grundstück scheint auf ihrer jahrtausendealten Route zu liegen. Ich werde ihre Rufe hören, auf den Rasen laufen und zählen: 80, 100, 120 ... Welch eine wunderbare Ordnung, welch ein zielbewußtes Heimweh liegt in diesem Zug. Was wäre mein Frühling ohne die wilden Gänse?
Der Garten ist still. Nur die Erde scheint leise zu atmen. Noch duftet sie nicht, doch ein braunes Blatt vom vergangenen Herbst krümmt sich knisternd in der Sonne.
Ein neues, lange entbehrtes Geräusch schmeichelt sich in mein Bewußtsein: Die erste Biene nimmt ein Bad im Blütenstaub der Winterlinge und summt dabei mit vielen kleinen Unterbrechungen vor sich hin. Wann habe ich zuletzt eine Biene gehört? Es scheint endlos lange her zu sein.
Auch die Marienkäfer sind schon unterwegs. Auf der dicken Holzbohle, die als Gartenbank dient, sitzen sie in kleinen Häufchen dicht beisammen und tanken Sonne. Ach ja, und ich dachte, ich sei die erste!
Zu meiner Linken zeigen sich die Lanzenspitzen der Schneeglöckchen im alten Laub. Vor mir im Rasen lassen die ersten

Elfenkrokusse das Licht durch ihre transparenten, blaßlila Kelche fließen. Welch ein Wagnis, so etwas Zartes hervorzubringen ohne die Möglichkeit, es wieder zurückzunehmen, wenn es friert, stürmt oder noch einmal schneit. So ein leichtfertiges Gesindel, denke ich. Aber was täten die ersten Bienen ohne sie? Oder sie ohne die Bienen?
Noch ein paar zufriedene Atemzüge, dann schäle ich mich aus meiner Decke und mache den ersten Gartenrundgang des Jahres, der nur dem Vergnügen dient und nicht, wie im Winter, auf kürzestem Wege zum Komposthaufen führt.
Ich streichle die dicken, pelzigen Silberknospen der Sternmagnolie, die ihr Duftgeheimnis erst im März oder April preisgeben werden. Ich sehe »meine« Blaumeisen sich angelegentlich mit dem Nistkasten im Geißblatt beschäftigen. Alles ist so voller Hoffnung und Vertrauen in die Zukunft. Noch sind die tausend Narzissen, der Schneeglanz, die Tulpen und Hasenglöckchen im Versteck, doch sie werden kommen. Noch ist auch vergessen, daß der Giersch und ganze Armeen von Schachtelhalm in den Startlöchern sitzen, um mir zu beweisen, daß ich an gewissen Ecken immer etwas lustlos pfusche. Nein, der Garten ist wunderbar – und die Gärtnerin auch. Zutiefst befriedigt sammle ich Decke und Campingsessel ein und gehe ins Haus.
Eigentlich ist nichts passiert – aber diese Viertelstunde hat, wie jedesmal im Februar, einen neuen Menschen aus mir gemacht.

Es sieht so aus, als traue sie sich nicht, ihr Pelzchen abzulegen: Behaarte Karde im spätwinterlichen Gegenlicht.

Das Wagnis der Krokusse

Jetzt, da ich allein bin und zum Tode betrübt, kommt der Frühling wieder, aber ich weiß nicht, wie ich ihn abweisen soll.

Rabindranath Tagore

Doch dieser neue Mensch erlebt immer wieder dieselben alten Überraschungen. Dazu gehören die Auferstehung der Krokusse und ihr Farbenrausch, der den Garten von heute auf morgen aus dem Winterschlaf reißt. Natürlich weiß ich genau, wann und wo sie auftauchen müssen und daß sie mich nicht enttäuschen werden. Denn Krokusse enttäuschen nie!

Trotzdem verpasse ich immer ihre ersten unauffälligen Lebenszeichen. Neben den vorwitzigen Spitzen der Narzissen, die noch lange nicht an der Reihe sind, und den auffallend blaugrünen Blätterhorsten der Schneeglöckchen sehen die nadelfeinen, unscheinbar gefärbten Krokusknospen, die sich zu Hunderten ans Licht tasten, erst einmal aus, als handle es sich um Gras.

Und da ich am liebsten ohne Brille in den Garten gehe, entdecke ich die Wiederkehr meiner Krokusse immer erst, wenn sie blühen. Dann begrüße ich sie jedesmal ganz verdutzt: »Ach, da seid ihr ja schon!« Denn sie kommen mir vor wie Besuch, der einen Zug früher genommen hat, als verabredet war.

Die Blütezeit für Krokusse wird in Büchern und Katalogen, je nach Art und Sorte, von Anfang März bis Mitte April angegeben.

Doch nach den milden Wintern der letzten Jahre waren sie bei mir schon Mitte Februar vollzählig zur Stelle. Einige von ihnen überrundeten sogar die Schneeglöckchen. Die Märzbecher haben sie jedoch noch nie überholt, denn die haben in meinem Garten eine feste Verabredung mit den ersten vorwitzigen Winterlingen, die die Saison schon Ende Januar eröffnen. Im März, der ihnen den Namen gegeben hat, sind meine Märzbecher zumeist dahin, so daß sie eigentlich »Februarbecher« heißen müßten.

Die frühesten Blumenkinder im Garten beschränken sich auf die Farben Weiß und Gelb. Erst der Krokus haut auf die Pauke und fügt der bescheidenen Palette seine sehr differenzierte Skala von Blau-, Lila- und Bronzetönen hinzu. Eigentlich besteht er nur aus Blüte – alles Drumherum ist dünn und fein. So ist ein Garten voller blühender Krokusse der erste Farbenrausch im Jahr. Ein Teppich aus Kelchen von feinstem gestärktem Batist, im Sonnenlicht zum Leuchten gebracht. Alle Edelsteinfarben sind vertreten – außer Rot, das erst mit den Tulpen in den Garten zurückkehrt.

Nach den dunklen Wintertagen ist diese Explosion von Licht und Farbe ein bewegendes Gartenereignis. Und ich frage mich angesichts dieser pflegeleichten Schönheit, warum es im Februar immer noch kahle Stellen zwischen meinen Stauden gibt, die ich längst mit Krokuszwiebeln hätte vollstopfen können.

Man hat wirklich keine Last mit ihnen. Sie erhalten und vermehren sich ohne Nachhilfe durch Samen und zahlreiche Brutzwiebeln. Man muß sie weder gießen noch schneiden, weder aufbinden noch teilen, und sie verschwinden nach der Blüte so schnell und unauffällig, wie sie gekommen sind. Kleine Aufräumungsarbeiten sind nur zu leisten, wo Krokusse zwischen Sedumpolstern oder ähnlichen Ordnungsfanatikern stehen.

Die Zwiebeln verkriechen sich tief genug in der Erde, so daß Hacke oder Kultivator beim Lockern des Bodens darüber hin-

Wer hat ihm den Namen Elfenkrokus gegeben? Seine durchscheinenden Kelche aus Amethyst könnten sehr wohl ins Reich der Feen gehören und sind doch auf magische Weise gefeit gegen Frost und Mäuse.

weggehen, und selbst ein im Sommer versehentlich auf den Kopf gestelltes Knöllchen hat sich zum Winter neu orientiert und umorganisiert.
Einige Arten der Krokusgattung sind schon seit dem 16. Jahrhundert in Gartenkultur. Andere kamen im 19. Jahrhundert dazu. Steppen und Gebirgshänge in Kleinasien, auf dem Balkan, in Griechenland, Südwest-Rußland, Süditalien und Korsika sind ihre Heimat.
Unser allererster zarter Frühlingskrokus, *Crocus tomasinianus,* ein Massenblüher in blassem Lila, der sich weithin versamt, stammt aus Dalmatien. *Crocus vernus,* der späteste, ist von den Hochlagen der Pyrenäen, Alpen und des Apennin zu uns herabgestiegen. Weiß bis dunkelviolett blühen seine Wildformen. Für die Züchtung von Gartenkrokussen hat er eine besonders wichtige Eigenschaft mitgebracht: Seine Blüten öffnen sich schon bei nur einem fünftel Grad Wärme! Seit 1561 ist er als Gartenpflanze belegt.
Nur wenig später, 1579, brachte ein Gesandter den *Crocus flavus* von Belgrad nach Wien. Die erste gelbe Art. Sie stammt aus Serbien, während der bräunlich-

gelbe Goldlackkrokus, *Crocus angustifolius,* 1587 aus Südwest-Rußland eingeführt wurde. *Crocus versicolor,* weiß bis violett und streifig geadert, ist in Südfrankreich und den südwestlichen Alpen zu Hause und öffnet seine typisch zerknitterten Blüten seit 1574 in Europas Gärten.

Die hier aufgeführten Arten sind der Uradel der Krokussippschaft, wobei die herbstblühenden Krokusse, wie der antike Safran, an dieser Stelle außer acht gelassen wurden.
Der moderne Gartenkrokus hat durch fleißige Züchterarbeit inzwischen eine Ahnentafel, die höchst kompliziert und verwirrend ist. Doch für den Garten ist nur wichtig zu wissen, daß Krokusse keinen Wurzeldruck von Gehölzen mögen und auch im Rasen nicht lange aushalten. Ihr Laub soll nach der Blüte in Ruhe vergilben dürfen.
Gelbe Sorten leben am längsten und überrunden deshalb in gemischter Pflanzung die blauen und weißen im Laufe der Jahre. Ich habe sie in meinem Garten von den blauen getrennt, weil ihre kräftige Farbmasse die zarten Blau- und Lilatöne rigoros überstrahlte. Gelbe und weiße Krokusse dagegen stehen gut nebeneinander.
Die Mäuse, die bei mir offenbar gelbe Krokusse bevorzugen, finden die Massierung ihrer Lieblingssorte sehr bequem. Rund um die gelbe Kolonie der Krokusse haben sie sich ihre Bauten gegraben und sorgen dafür, daß das Gelb nicht überhand nimmt. Immer wieder muß ich Mäusegänge aufgraben – sehr zu meinem Ärger und, wie ich hoffe, auch zum Ärger der Mäuse.

Crocus chrysanthus *(oben) ist vom Balkan und aus Kleinasien zu uns gekommen. Die goldgelbe Sorte 'E.A. Bowles' ist braun geflammt. Der gestreifte* Crocus vernus *(links) mit knitterfreien Blütenblättern hört auf den stolzen Namen 'Ruhm von Sassenheim'.*

Der widerspenstige Monat

Wieder einmal ertappe ich mich dabei, daß ich dem März mit wahrscheinlich falschen Hoffnungen entgegensehe. Das liegt wohl daran, daß für diesen Monat das Wörtchen »Frühlingsanfang« im Kalender steht. Oder vielleicht an dem alten Lied vom Bauern, der im Märzen die Rößlein einspannt, was in mir Vorstellungen von milder Luft und warmen Sonnenstrahlen weckt. Schließlich bringt der Februar, der noch zu den kältesten Wintermonaten zählt, als Versprechen auf den März manchmal schon zwei oder drei kostbare Tage, an denen das Thermometer mittags auf zehn bis zwölf Grad über Null klettert.
Jedenfalls setze ich wie immer ganz bestimmte Erwartungen in den März: Nun wird endlich Schluß sein mit kalter Nase und klammen Fingern, nun endlich wird das dicke Futter im Gartenparka überflüssig und das Paar Turnschuhe ausgemottet, für das es im Oktober zu naß wurde. Überhaupt – nun muß sich alles, alles wenden.
Aber ich sollte es eigentlich besser wissen. Habe ich nicht irgend-

Frühlingsanfang steht im Kalender, doch der Gartenteich weiß es besser.

Vorwitzig, wie die Kornelkirsche ist, muß sie es sich gefallen lassen, daß ihre Blütenknospen mit einem Eiskissen zugedeckt werden.

wo gelesen, daß statistisch gesehen der Märzanfang kälter ist als der Beginn des Dezembers? Und erinnere ich mich nicht, wie oft ich im März hinter der Fensterscheibe gestanden und die Krokusblüten im eisigen Regen bemitleidet habe?
All die kecken Pflänzchen, die im März wie ein bunter Teppich ihre Farbenpracht im Garten entfalten, versprechen einem das Blaue vom Himmel. Die Schneeglöckchen, die Märzbecher, die Regenbogenpalette der Krokusse und Kissenprimeln, der Schneeglanz, die erste kleine Narzisse – das alles sieht aus, als bade es glückselig in linden Lüften. Die Winterlinge, deren gelbe Sterntaler sich schon seit fünf Wochen öffnen und schließen und wieder öffnen, je nachdem ob ein Sonnenstrahl sie trifft oder nicht, wirken sogar schon ein wenig müde. Ein Zeichen dafür, daß der früheste Frühlingsbote seine Hochblüte schon hinter sich hat. Die erste Gartenfreude also schon vorüber – und was haben wir bisher davon gehabt? Ein paar kurze Besichtigungsrunden, fröstelnd im Wintermantel verkrochen. Prüfende Blicke auf die Vogeltränke, ob es wohl gereicht hat, das Eis zu schmelzen, das jeden Morgen wie eine gläserne Scheibe auf dem Wasser schwimmt. Und sehnsuchtsvolle Blicke aus dem Fenster: Frühling hinter Glas.
Natürlich gibt es auch Tage, an denen es aussieht, als steige der Garten aus Niflheim, der trüben nordischen Unterwelt, empor in den strahlend heiteren Glanz Arkadiens, der Heimat des Gottes Pan. Aber Vorsicht! Die kristallklare Luft, die der Ostwind heranbringt, hat diese gewisse Schärfe, die ein warnender Vorbote erbarmungsloser Nachtfröste ist. Das blaue Band des Frühlings ist im März oft nur eine Fata Morgana, der man wintermüde hinterherläuft, ohne zum Ziel zu kommen.

Wer ein Gartentagebuch führt, kann das leicht nachprüfen. Natürlich gibt es regionale Unterschiede. Der März in der Oberrheinischen Tiefebene ist anders als in Norddeutschland. Aber meine Notizen sagen mir, daß die Statistik offenbar stimmt und daß der März sich gerne etwas mehr anstrengen könnte, um sich den Orden mit der Aufschrift »Frühlingsanfang« zu verdienen.

Was zum Beispiel soll man davon halten, daß in den letzten sieben Jahren im Zeitraum zwischen dem 3. und 17. März in meinem Garten einmal zwei Wochen Dauerfrost, mehrere Male tagelanger Nordoststurm mit Nachtfrost, Schneeregen, starkem Glatteis, Hagel, Nieselnebel und Höchsttemperaturen von drei bis fünf Grad herrschten? An einem 7. März war der Gartenboden gerade erst zwei Zentimeter tief aufgetaut, und an einem 5., 15. und 27. März gab es noch einmal bis zu fünf Zentimeter Schnee.

Stürme und Orkanböen bliesen aus westlicher Richtung am häufigsten gegen Ende des Monats. Aber auch schon an einem 6. März sind mir alle kleinen Frühlingsblüten von Sturm und Regen zerfetzt worden. Andererseits ist es vorgekommen, daß sie sich erst am 18. März zum erstenmal geöffnet haben. Nur Gartenfreunde, die mit Sehnsucht auf die frühen Frühlingsboten warten, können ermessen, welch ein Frust hinter solchen Daten steckt.

Es gibt auch leider keine Garantie dafür, daß das März-Schauspiel meiner kleinen Zwiebel-

Den Märzbecher kann nichts erschüttern. Trotz seines Namen besteht er darauf, schon im Februar zu blühen. Märzfröste nimmt er deshalb nicht mehr zur Kenntnis.

Auch die rote Christrose hält sich nicht an ihren Namenstermin. Sollte sie nicht zur Weihnachtszeit blühen? Doch sie bequemt sich erst im März dazu.

Tät mir ein Gärtlein bauen von Veil und grünem Klee, ist mir zu früh erfroren, tut meinem Herzen weh.

LIEBESKLAGE 1549

blumen termingerecht seine Hintergrunddekoration erhält. Es ist die Krone des alten Mirabellenbaums, die aus der Erlenkulisse herausragt und jedes Jahr die Baumblüte in meinem Garten eröffnet. Schon im Januar ziehe ich mir ein paar der dünnen, elastischen Zweige herunter und untersuche, wie dicht sie mit Knospen besetzt sind. Dann warte ich im März ungeduldig auf den Tag, an dem sich der feine weiße Blütenschleier über den Baum legt.

Ich kenne kein schöneres Sinnbild des Frühlings als das erste zarte Blütengeriesel vor dem dunklen Astwerk der Erlen. Und immer ist es in Gefahr, einer bitterkalten Märznacht zum Opfer zu fallen.

Es wäre aber ungerecht, nach all der Schelte auf den widerspenstigen Frühlingsmonat zu verschweigen, daß es in meinen Notizen auch einen 6. März gibt, der mit 17 Grad Wärme und strahlender Sonne als Traumtag in die Annalen einging. Ein 18. März brachte es sogar auf 20 Grad und beunruhigte mich mit der unangenehmen Erkenntnis, daß der Rasen schon gemäht werden müßte.

Windstille und neun Grad Wärme haben mich einmal schon zu Beginn des Monats dazu verführt, den Rasen abzuharken und den Komposthaufen umzusetzen. Aber auch das gehört zu den Tücken des März: Mit einem Hechtsprung in die Gartenarbeit kehrt man der Winterlethargie den Rücken, und schon ist es zuviel des Guten. Deshalb taucht mit schöner Regelmäßigkeit in meinen März-Notizen der lapidare Satz auf: Habe wieder mit Yoga angefangen.

Es hat nämlich mal wieder ganz unverschämt gekracht und geknirscht, als ich zum erstenmal in die Hocke ging, um Stiefmütterchen zu pflanzen. Und jedesmal kommt es mir so vor, als werde das von März zu März ein bißchen schlimmer.

Aquamarinblauer Eigensinn

Der Garten feiert in immer neuen Farbwellen sein großes Frühlingsfest. Unkraut und Verblühtes sind vorerst nur Erinnerungen an das vergangene Jahr. Noch denke ich nicht daran, wie viele Hocken, Seitbeugen, Liegestütze und Kniefälle ich meinen Stauden bald wieder vorturnen muß. Denn in jedem Sommer besiedeln Moos und klebriger Ackerspörgel den schweren Lehmboden auf meinen Rabatten, so daß ich trotz der vielen kleinen Blumenzwiebeln handfest dazwischengehen muß. Das sind die mühseligen Stunden, die mich zu dem schrecklichen Schwur verleiten: Die Kleinkunst muß weg!
Jahrelang habe ich es für eine gute Idee gehalten, Narzissen, Tulpen, Perlhyazinthen und alle anderen Zwiebelblumen des Frühlings immer wieder zu teilen und in die Lücken der Beete zu stopfen.
Nicht gerade wahllos, denn ich wünschte mir möglichst große Gruppen und schöne Farbzusammenstellungen. Jetzt habe ich einen herrlichen Frühjahrsflor auf den noch kahlen Staudenbeeten, aber er bringt auch ein paar Probleme mit sich.
Zum Beispiel hole ich im Herbst, wenn ich Stauden teilen muß, mit der Grabegabel immer große Klumpen von Zwiebeln ans Tageslicht, die ich lieber nicht gestört hätte, denn sie haben schon die ersten Wurzeln gebildet.
Narzissen und Tulpen, deren Laub nach der Blüte erst entfernt

Vom Schneeglanz (Chionodoxa) *gibt es mehrere Arten. Wer versucht, sie am gemeinsamen Standort auseinander zu sortieren, läßt sich auf eine Lebensaufgabe ein.*

Chionodoxa gigantea *ist die schönste unter den Schneeglanz-Schwestern, aber dafür macht sie sich auch gerne etwas rar.*

werden darf, wenn es ganz vergilbt ist, trödeln mit ihrem Reifeprozeß oft bis zum Juli herum, und nicht immer lassen sich ihre unordentlichen Blattreste unter den benachbarten Stauden zufriedenstellend verstecken.
Am ärgerlichsten finde ich es jedoch, daß die allgegenwärtigen Zwiebelkinder mich daran hindern, meine letzten Stauden notfalls erst im zeitigen Frühjahr abzuräumen, wenn Wetter oder Grippe, Besuch oder Reisen diese Arbeit im Herbst unterbrochen haben.
Es gibt kein Pardon: Bis Ende Januar muß es geschehen sein, wenn ich nicht auf all den austreibenden Spitzen der Frühlingsboten herumtrampeln will. Und – Hand aufs Herz – wer will das schon? Ich bringe es jedenfalls nicht fertig. So bin ich hin- und hergerissen und grübele jeden Sommer vor mich hin, wie ich die Dinge wohl ändern kann.
Aber jetzt ist März, und der Garten wird zusehends blauer. Angefangen hat es mit einer kleinen »Pfütze«, und in fast 20 Jahren sind große Seen daraus geworden. Ich spreche von *Chionodoxa,* dem Schneeglanz.
Es waren vielleicht 50 verstreute, blaue Sterne, die ich damals im neuen Garten vorfand. Wie habe ich mit ihrem Samenansatz und den fadendünnen Sämlingen herumgehütet! Jetzt kümmere ich mich um gar nichts mehr, und trotzdem breiten sie sich aus wie eine Epidemie.
Zu meiner Überraschung stellte ich fest, daß Schneeglanz nicht gleich Schneeglanz ist. Der eine hat ein großes, weißes Auge *(Chionodoxa luciliae),* der andere nur ein winzig kleines *(Chionodoxa sardensis),* der dritte hat gar keines, dafür jedoch breite, schön geformte Blütenblätter von lichtem Aquamarinblau *(Chionodoxa gigantea).*
Den letzteren liebe ich besonders, und da sämtliche Vertreter dieser Art verstreut zwischen den anderen standen, beschloß ich, sie an einem eigenen Standort zu versammeln. Deshalb verbringe ich im März manche Stunde auf den Knien in meinen *Chionodoxa* -Seen und sortiere: Du mußt raus, und du bleibst hier.
Die, die in der Blüte umgepflanzt werden (zu anderen Zeiten würde ich sie nicht herausfinden), reagieren natürlich mißmutig auf meine Rücksichtslosigkeit. Nur mit viel Gießwasser und gutem Zuspruch bringe ich sie dazu weiterzumachen.
Aber irgendwie schleicht sich Enttäuschung ein: Die besonders gehätschelten Lieblinge sind zwar jedes Jahr brav zur Stelle, doch sie vermehren sich nicht so wie die anderen.
Stattdesssen tauchen im *Luciliae-* und *Sardensis*-Meer immer neue *Gigantea*-Blüten auf. Warum denn ausgerechnet dort? Warum nicht da, wo ich sie haben will? Also auf ein neues – irgendwann

muß ich doch mit dem Eigensinn dieser Dinger fertigwerden! Ich habe allerdings den Verdacht, daß es sich um eine Lebensaufgabe handeln könnte.
Bei dieser Arbeit finde ich überall die Sämlinge des Winterlings vom vergangenen Jahr. Auf zarten, weißen Stengelchen balancieren sie zwei kleine, hellgrüne Keimblätter, die nach kurzer Zeit verschwinden und erst im nächsten Frühjahr als pfenniggroßes, typisch zerschlitztes Winterlingsblatt wiederkehren.
Das Ganze sieht anfangs den Sämlingen der Vogelmiere oder anderer unerwünschter Wildkräuter so ähnlich, daß man immer versucht ist, mit der Hacke zuzuschlagen. Aus diesem Grund wird wohl oft behauptet, daß es schwierig sei, Winterlinge aus Samen zu ziehen.

Dabei ist es kinderleicht: Im Mai, wenn die Samen reif in der vergilbten »Sternschüssel« liegen, streift man sie ab in ein Schälchen und streut sie sofort in humosen Boden unter Sträuchern oder zwischen die Stauden. Ich mache mir nicht einmal die Mühe, sie ein wenig einzuhaken. Alles weitere besorgen sie selber.
Allerdings stellen sie die Geduld des Gärtners auf die Probe. Er muß, wenn er im ersten Frühjahr zwischen den winzigen, zweikeimblättrigen Sämlingen Unkraut zupft, mit Feingefühl und spitzen Fingern vorgehen und dann noch zwei bis drei Jahre warten, bis sie zum erstenmal blühen.
Dann allerdings bleiben die Winterlinge ihm über Jahrzehnte hinweg treu. Sie bohren sich mit ihrer Knolle Jahr für Jahr tiefer in den Boden, so daß man sie kaum noch wiederfindet.
Wie klug von der Bauersfrau, die mir die ersten aus ihrem Garten schenkte: Sie öffnete die Heckklappe ihres Autos und entlud mehrere große, unglaublich schwere Klumpen festen Tonbodens aus der Marsch. »Da sind sie drin!« versicherte sie mir, »graben Sie das man so wieder ein«.
Aus dem Inhalt dieser Erdklumpen ist inzwischen ein ungeordnetes Gewimmel gelber Sterntaler geworden, das mir im Frühling besondere Freude macht. Deshalb beschließe ich jeden März aufs neue: Die Kleinkunst muß bleiben.

Violen, dunkel, wie der Juno Augen. Bleiche Primeln, die sterben unvermählt, eh sie geschaut des goldenen Phöbus mächt´gen Strahl....

WILLIAM SHAKESPEARE

Bitte nicht mit der Hacke stören: Hier hat sich ein Stückchen Frühlingswald angesiedelt. Weiße und gelbe Anemonen bilden wochenlang blattschöne Polster.

Heimweh nach Primelwiesen

Kindheitserinnerungen an samtige gelbe Sträuße werden wach, wenn das Himmelsschlüsselchen (Primula elatior) *im Garten sein lichtes Blütenspiel beginnt.*

Ganz ohne jede Kunst wollte ich eigentlich mit dem nassen, schattigen Stückchen Erde umgehen, das am äußersten Ende des Grundstücks liegt und an das Erlenwäldchen grenzt. »Wildnisgarten« war das Zauberwort, das sich mir aufdrängte, als diese Gartenecke frisch gefräst und unschuldig vor meinen Augen lag. Nichts daran verriet mir, welche Urkräfte in ihr schlummerten. 200 Quadratmeter Natur (von der ich nie genug bekommen kann), 200 Quadratmeter ohne Arbeit (von der ich immer schnell genug habe), das war meine Vision. »Großartig«, ermutigten mich die theoretisch beschlagenen Ökofreunde aus der Stadt, »du kannst einfach alles wachsen lassen und sehen, was kommt!« Was kam, war ein Fiasko. Den Pfad zu meinem Komposthaufen und den drei Pflaumenbäumen mußte ich mir mit der Sense freihalten, sonst hätte ich ihn in dem Dschungel nicht wiedergefunden.
Wenn ich klug gewesen wäre, hätte ich, bevor ich meinen Wildnisgarten sich selbst über-

April 30

ließ, einen Sonntagsspaziergang in die Kleingartenkolonie gemacht. Sie liegt nur ein paar hundert Meter entfernt in der gleichen Situation wie mein eigener Garten. Aber es war leider zu spät, als die hübsch gepflegte Anlage schließlich meine Neugier weckte.
Es wurde ein Aha-Erlebnis für mich, denn ich entdeckte, daß die Reihe der Parzellen, die wie mein Wildnisgarten direkt am Erlenwäldchen lag, längst aufgegeben war. Sie trug eine Vegetation, die einem Gärtner Gänsehaut macht: Sumpfampfer, Binsen und Sumpfkratzdisteln. Daß hier einmal Gartenkultur betrieben worden war, verrieten nur noch die mächtigen, gelbblühenden Schwarzwurzelbestände, die ein so nasses Ambiente offensichtlich genossen.
Ich ging sehr nachdenklich nach Hause. Daß mein Garten und die Grundstücke meiner Nachbarn bis 1950 eine nasse Kuhweide gewesen waren, hatte ich schon gehört. Auch daß der beim Straßenbau ausgekofferte Lehm dort abgeladen worden war, konnte ich schließlich in Erfahrung bringen, nachdem ich die ersten verzweifelten Versuche, meinen Boden zu lockern und lüften, hinter mir hatte. Doch ein Sumpfstreifen im Garten – das war neu und machte mich ratlos.
Hätte ich besser einen Teich anlegen sollen? Er wäre im Schatten des Erlenwäldchens und unter dem herbstlichen Blätterregen der Bäume ringsum schnell zu dem geworden, was die Norddeutschen ein »Modderloch« nennen. Außerdem gab es kaum ein Bedürfnis dafür, denn der Erlenwald und der Baumbestand im angrenzenden Park waren voll solcher Modderlöcher, die sich in nassen Wintern gar zu größeren Wasserflächen aus-

Der Bach im Erlenwald, gesäumt von blühenden Sumpfdotterblumen – mit einfachsten Mitteln schafft Mutter Natur ein unvergeßliches Frühlingsbild (links).

Nicht verzweifeln, wenn der Rasen lieber eine feuchte Wiese sein möchte! Wer ihm stellenweise seinen Willen läßt, beglückt die Grasfrösche und sich selber mit blühenden Inseln von Wiesenschaumkraut.

Liebliche Blume,
bist du so früh
schon
wiedergekommen?
Sei mir gegrüßet,
Primula veris!

NIKOLAUS LENAU

dehnten. Dort wuchsen Sumpfdotterblume und Bachnelkenwurz. Und auf den Kuhweiden jenseits des Parks lebten an den Gräben die Bekassinen, die im Frühling über meinem Garten in halsbrecherischen Balzflügen »meckerten«.

Nein, ich hielt es nicht für nötig, den hundert Gräben und Modderlöchern ein weiteres in meinem Garten hinzuzufügen. So ließ ich die Dinge erst einmal laufen.

Nach zwei Jahren hatte sich der Wildnisgarten immer noch nicht entschieden, ob er nun eine Großseggengesellschaft oder eine Baumschule für Erlen, Traubenkirschen, Holunder, Weißdorn und Ahorn werden wollte. Als es dann auch noch mit Brombeeren losging, nahm ich das Ganze zähneknirschend unter den Mäher. Aus der Traum vom pflegeleichten Eckchen.

Aber dann geschah das Wunder: Regelmäßiges Mähen machte aus dem Chaos ohne weiteres Zutun, Schritt für Schritt, eine feuchte, saftige Schattenwiese, in der Moos und Gras um die Vorherrschaft stritten.

Ein bißchen kahl fand ich es aber und holte mir ein paar Wurmfarnpflanzen aus dem Wald. Meine liebe Mutter schickte – als Pille gegen Heimweh nach heimatlichen Wiesengründen – ein Päckchen mit zehn Himmelsschlüsselchen *(Primula elatior)*, die es hier nicht gibt.

Das war der Anfang einer ungeahnten neuen Wildnisgartenwelt, denn weiß der Himmel, was wir alles sonst noch mit dem Farn und den Primeln eingeschleppt hatten. Unter den Pflaumenbäumen schlugen eines Tages die ersten Buschwindröschen ihre Augen auf. Die Kuckuckslichtnelke suchte sich ein Eckchen, das ein wenig Nachmittagssonne bekommt.

Das Wiesenschaumkraut bildete im Handumdrehen große Teppiche, und der Waldmeister spann sein aromatisch duftendes Netz bis ins benachbarte Schattenstaudenbeet. Löwenzahn, Gänseblümchen, Hahnenfuß und die

gelbe Wiesenplatterbse fanden endlich Luft zum Atmen.
Die Himmelsschlüsselchen machten sich gar nichts daraus, in einem fremden Biotop gelandet zu sein. Im Gegenteil, sie samten sich bis ins Erlenwäldchen aus, wurden dort von Spaziergängern entdeckt, ausgegraben und weiterverschleppt.
Das Erlenwäldchen ist im Laufe der Jahre so hochgewachsen, daß es zwei Pflaumenbäumen das Lebenslicht ausgeblasen hat. Dafür gedeihen in seinem feuchten Schatten jetzt Ilex, Pfaffenhütchen, Rhododendron, die wilde Hecht-Rose (*Rosa glauca*) mit dem schönen, blaugrauen Laub, das Geißblatt und Sträucher der wilden Johannisbeere. Bei 30 Grad Hitze ist diese Sinfonie in Grün eine kühle Oase für Mensch und Tier, in die nur am Abend ein paar schräge Streiflichter der Sonne fallen und alles in ein unwirkliches Spiel von grüngoldenen Reflexen tauchen.
Am schönsten ist dieses Gartenstück jedoch im April, wenn die Erlen noch nicht belaubt sind und das Sonnenlicht durchlassen für all die kleinen Blumenkinder, die sich von selber eingefunden haben. Dann mähe ich in respektvollen Bögen um ihre Kolonien herum, spare auch Inseln des Wiesenschaumkrauts aus, wofür mir die Grasfrösche immer sehr dankbar sind.
Schon Anfang April kommen die sachverständigen alten Damen aus dem Seniorenheim, die früher selber einen Garten hatten, stecken ihren Krückstock durch den Zaun in Richtung auf die Anemonenknospen und sagen: »Die sind ja noch nicht auf – da müssen wir morgen wiederkommen.«
Sie kommen jeden Tag, solange die Primeln und Anemonen blühen. Im April haben sie den Wildnisgarten lieber als meine Staudenbeete, obwohl auf denen die Narzissen prunken. Und wenn ich ehrlich sein soll: Mir geht es auch nicht anders.
Haben wir nicht alle Heimweh nach den Primelwiesen unserer Kindheit?

Der blütenreiche Frühlingsgarten verwandelt sich im Sommer in eine angenehm kühle Oase schattiger Grüntöne.

Vom Zauber der Narzissen

In Düften und wundersamen Wesensarten der Narzissen webt ein Südseegeheimnis. Sie sind wie vom versunkenen Erdteil Atlantis.

Karl Foerster

Mit den Narzissen könnte es sich ähnlich verhalten, denn es gibt Landschaften, in denen auch sie ganze Wiesen beherrschen. Doch ihre edle Haltung erhebt sie über alle plumpvertraulichen Annäherungen. Gegen die Schönheit der Narzissen bin ich wehrlos. Sie macht mich so begehrlich, daß es im April in meinem Garten kaum noch ein Eckchen gibt, in dem sich nicht auf stolzen Stielen ihre aristokratischen Blütenkronen wiegen. Dottergelb, zitronengelb, cremefarben und reinweiß zieht sich ihre Pracht in dicken Büscheln oder langgestreckten Gruppen durch die erst langsam zum Leben erwachenden Staudenbeete. Da ich fleißig teile, erobern sie sich jetzt ganz allmählich auch die Grenzen meines Gartens. Wenn sie blühen, ist es wie im Traum. Dann geht es mir wie dem englischen Dichter William Wordsworth, der vor etwa 200 Jahren in Erinnerung an ein von Narzissen eingefaßtes Seeufer schrieb: *»... and then my heart with pleasure fills and dances with the daffodils«* (»... und dann füllt sich mein Herz mit Freude und tanzt mit den Narzissen«).
So richtig Glück mit Narzissen habe ich erst, seit ich an der

feuchten Nordseeküste mit ihren fruchtbaren Böden und den vom Golfstrom ein wenig gemilderten Wintern lebe. Als ich noch auf leichtem Sandboden gärtnerte, waren Narzissen ein ständiger Frust. Sie verschlingen nämlich große Mengen an Nährstoffen. Humus und Lehm, Kühle, Feuchtigkeit und Licht brauchen sie, um nicht in kurzer Zeit blütenarm zu werden. Selbst gutgemeinte Düngergaben machen sie nicht restlos glücklich, wenn Boden und Klima »nicht stimmen«. Nun, bei mir scheint alles da zu sein, was sie mögen, und die Narzissen haben ihren Siegeszug durch den Garten angetreten, ohne daß sie dabei irgendeiner Nachhilfe bedurften. Krokusse, Tulpen und Perlhyazinthen *(Muscari)* sind langsam ins Hintertreffen geraten, so daß die gelbe Farbe dominiert. Vielleicht liegt es auch daran, daß Mäuse Narzissenzwiebeln verschmähen, alles andere aber gerne fressen? Die Freunde neuester Narzissenzüchtungen würden allerdings enttäuscht sein, wenn sie meinen Garten sähen. Neues habe ich nicht. Schlimmer noch: Ich kann nicht einmal sagen, was für Sorten sich da breitmachen, denn ich habe nichts von alledem gekauft, sondern mich »im Lande« umgesehen und nach gutem bäuerlichen Brauch eingetauscht, was mir gefällt, was blütenreich und langlebig ist.

Wer zählt die Sorten, nennt die Namen? Die Verwandlungsfähigkeit der Narzisse scheint unbegrenzt zu sein. Doch so bunt, wie sie heute aussehen kann, war sie nicht immer.

Mißgriffe kann man dabei eigentlich nicht machen. Wenn man einen Garten findet, in dem eine bestimmte Sorte mengenmäßig und im Blütenreichtum alle anderen überrundet hat, darf man getrost davon ausgehen, daß sie unkompliziert ist und uns nicht enttäuschen wird.

Da wiegen sie sich nun im Wind, die unbekannten Schönen: die mächtigen warmgelben Häupter der frühen Osterglocken mit der am Rand kunstvoll gewellten und gekerbten Trompete, die kleineren oder gar zierlichen, hellgelben, elfenbeinfarbenen und weißen Taftsterne mit dunkelgelber oder grünlicher Schale, deren eingekräuselter Saum orange oder rot getuscht ist. Natürlich war ich mehr als einmal versucht, ihre Sortennamen herauszufinden. Doch selbst in älteren Katalogen entdecke ich nur noch die pompöse Trompetennarzisse 'Golden Harvest' und den auffallenden Farbkontrast in Sattgelb und Orangerot der 'Birma'. Vergebens suche ich bisher nach meiner langstieligen, zierlichen Schneeweißen mit leuchtendrot gerandeter, grünlicher Schale, die unzweifelhaft zu den Dichternarzissen gehört und schweren Duft verströmt. Mein großblütiger, sahneweißer Liebling mit der zauberhaften, orangegerandeten gelben Schale, der selbst bei trübem Wetter das Licht aufsaugt und wie eine sanfte Aura um sich zu verbreiten scheint, könnte 'Huon' oder 'Flower Record' heißen. Sturmfest, reich und lange blühend, ist er gerade im Begriff, alle seine wuchs- und blühfreudigen Schwestern noch zu übertrumpfen.

Doch wozu versuchen, durch mühselige Detektivarbeit ein Mosaik in einzelne Steinchen aufzulösen, wo das Gesamtbild so traumhaft schön ist? Karl Heinrich Meyer, der Pflanzenkenner und unvergessene Gestalter des berühmten Berggartens in Hannover-Herrenhausen, schrieb 1960 über Narzissen: »Am Ende aber sitzen wir verwundert vor solch einem Einzelsteinchen, genannt Art, Unterart oder Variation, drehen und wenden dieses Spielzeug unseres wissenschaftlichen Ehrgeizes in den Händen – vertiefen uns immer mehr darein, gefangen vom schimmernden Glanze der Farben und Formen, und merken am Ende gar nicht mehr, daß uns über das einzelne Steinchen das große Gesamtbild verlorenging.«

Nach Meyers Worten streiten sich die Systematiker darüber, ob es nun neun oder gar 40 Wild-

'Tête-a`-Tête' heißt die Kleine, die ihre warmgelben Trompetenblüten dicht auf den straffen Stielen trägt.

Als Nachfahrin der uralten Dichternarzisse steht heute die Sorte 'Actaea' in hohem Ansehen. Ihre Blüte ist größer und gerundeter als die ihrer Ahnin, doch sie hat das makellose Weiß und den roten Kräuselsaum der Schale von ihr geerbt (ganz rechts).

arten der Narzisse gibt. Und er bedauert, daß in der modernen Botanik die altvertrauten Vorstellungen verschwinden: »Eine *Narcissus poeticus* war eben eine Dichternarzisse, und jedermann sah das strahlende Weiß dieses freundlichen Blumengrußes unbelastet vor sich.«
Die Dichternarzisse wurde schon in den Gärten des antiken Griechenlands bewundert. Eine gelbe Schwester, die wilde *Narcissus pseudonarcissus* aus Spanien und Portugal, ist die Urahnin unserer gelben Trompetennarzissen und schon 1631 in sieben Sorten von Merian gedruckt worden.
Ihre Bereitwilligkeit, immer neue Formen hervorzubringen, hat die Narzisse mit Tulpe und Rose gemein – auch diese beiden seit vielen Jahrhunderten Lieblinge des gärtnernden Menschen. Es läßt sich kaum noch überschauen, wie viele Narzissensorten es heute gibt. Um die Mitte dieses Jahrhunderts sollen es 8000 gewesen sein. Das Wissen um ihre Systematik und Nomenklatur fügt meiner Liebe zu den stolzen Narzissen allerdings nichts hinzu. Wohl aber die Legende ihrer Entstehung. Trägt sie doch den Namen des wunderschönen griechischen Jünglings Narziß, der sich in unbefriedigter Liebe zu seinem vom Wasser reflektierten Spiegelbild verzehrte. Diese unselige Fixierung auf sich selbst rührte die Götter, so daß sie ihn in eine Narzisse verwandelten. Eine Blume, makellos schön und eitel wie er – nie würde das bescheidene Veilchen sich mit ihr vergleichen.

Prinzeßchen der Osmanen

Es gibt ein altes geistliches Lied über den Tod auf Erden und die Auferstehung in einem himmlischen Garten, das im Jahre 1683 aufgezeichnet worden ist. Sein Verfasser glaubte an ein blühendes Jenseits und warnte vor der Vergänglichkeit irdischen Liebreizes und Stolzes.

Mit dem Farbenreichtum orientalischer Gewänder hat sich die Tulpe vor 350 Jahren in Europas Gärten den Rang einer ungekrönten Königin unter den Frühlingsblumen erobert und ihn bis heute gehalten.

Die schönsten Gartenblumen, die er kannte, nahm er in sein Gleichnis auf.
Der Schnitter Tod, der auf Gottes Geheiß die Sichel wetzt, macht sich in diesem Lied erbarmungslos über sie her:
»Was heute noch grün und frisch dasteht, wird morgen weggemäht: die edel Narzissel, die englische Schlüssel (Schlüsselblume), die schön Hyazinth, die türkische Bind (Türkenbund, *Lilium martagon*) ... rot Rosen, weiß Liljen, beid wird er austilgen; ihr Kaiserkronen, man wird euch nicht schonen: hüt dich, schöns Blümelein!«

Mit diesem Lied taucht in mir die Vorstellung eines wunderbar blühenden Ostergartens des 17. Jahrhunderts auf. Daß Winterling, Schneeglöck-chen, Märzbecher, Veilchen und Krokus nicht genannt werden, obwohl sie damals schon Gartenblumen waren, liegt vielleicht daran, daß sie zu klein und bescheiden sind, um als Sinnbild für menschliche Hoffart zu dienen.
Aber ich frage mich, warum die stolze Tulpe fehlt. Sie war doch 1683 schon in ganz Europa bekannt, nachdem sie 50 Jahre vorher Holland in einen wahnwitzigen Tulpentaumel gerissen und die Wirtschaft des Landes an den Rand des Abgrundes gebracht hatte!
In der Türkei war sie seit etwa 1000 nach Christi Geburt Gartengewächs, außerdem Wappenblume der osmanischen Herrscher und schon in verschiedenen Sorten im Handel, bevor sie 1555 von dem nach Konstantinopel abgeordneten Diplomaten Ghislain de Busbecq an den kaiserlichen Hof in Wien geschickt wurde. Der erste Europäer, der die Tulpe im Garten zog, war daher der Wiener Hofbotaniker Carolus Clusius. 1559 blühten Tulpen dann auch in Augsburg im Garten des Bankiers Herwarth und sechs Jahre später im Garten der Fugger.
Die Tulpe begann im 16. Jahrhundert ihre Laufbahn in Europa als Blume der »oberen Tausend«. Das farbenprächtige Weltkind, das, wie Lonitzer 1587 schreibt, »nur lust halben« in französischen, italienischen und deutschen Fürstengärten gezogen

Die nächsten Wochen des Frühlings sind mir sehr gesegnet, jeden Morgen empfängt mich eine neue Blume und Knospe.

Johann Wolfgang v. Goethe

Noch weit entfernt von barocker Prachtentfaltung zeigt Tulipa sylvestris *seit 400 Jahren, wie die ersten Tulpen ausgesehen haben, die aus der Türkei auswanderten.*

wurde, genoß im Abendland allerdings nie die tiefe Verehrung wie Rose und Lilie, die Symbole christlicher Mysterien waren.
Außerdem hatte die Tulpe anfangs nur eine dürftige Presse: Ihr erstes Konterfei, von Matthiolus 1561 in Venedig herausgebracht, versteckte sich unter den Abbildungen von Narzissen. Eindeutig eine blühende Tulpe – doch Text zu dieser botanischen Neuerscheinung gab es nicht. 1565 wollte der Autor sein Versäumnis gutmachen, indem er der Tulpe fälschlich acht Blütenblätter zusprach, obwohl der Zeichner ganz korrekt nur sechs abgebildet hatte. Dann endlich – 1576 – publizierte Lobelius unzweifelhaft *Tulipa australis* und *Tulipa sylvestris,* zwei gelbblühende Arten, die zweite von der ersten abstammend.
Danach ging alles rasend schnell. Die Tulpe mit ihrer Fähigkeit, sich tausendfach zu verändern, präsentierte immer neue Farben und Formen. Selbst Viruskrankheiten machten sie schöner: geflammte und gestreifte Sorten entstanden durch von Blattläusen übertragene Infektionen und konnten vegetativ vermehrt werden. Der ganze Luxus des Barock mit Damast und Brokat schien sich auf den Tulpenblüten niederzulassen.
Die Begeisterung für diese neue Blume befiel die Menschen in Holland wie ein Fieber. 80 Jahre nach der Einführung der ersten Tulpen aus der Türkei ins Abendland wurden für eine Zwiebel der Sorte 'Admiral Enkhuizen' 6000 Gulden, für eine 'Semper Augustus' sogar 13000 Gulden bezahlt. Die Tulpe war zum aberwitzigsten Spekulationsobjekt geworden, das Holland jemals hatte. Länger als ein Jahrhundert hat es gedauert, bis sich der Umgang mit ihr wieder normalisierte.
Die hübsche kleine Türkin trug, als sie auszog, die Gärten Europas zu erobern, noch ein schmales Gewand mit eleganten Zipfeln. Die lilienblütigen Tulpen von heute erinnern ein wenig daran. Sie haben sich noch etwas von der Grazie bewahrt, die den ältesten Gartenformen der Tulpe zugunsten straffer Haltung und pompöser Prachtentfaltung aberzogen worden ist.
Tulpen schmeicheln sich nicht ins Herz. Sie haben eine Aura von Sprödigkeit. Wenn sie zum Strauß gebunden werden, knirscht es. Wächsern und kühl liegen sie in der Hand, und auch im Garten stehen sie aufrecht und unbeugsam da. Wo eine Narzisse im böigen Aprilwind sechsmal anmutig knickst, bringt eine Tulpe nur eine unwillige, knappe Verbeugung zustande. Ihre von Kopf bis Fuß majestätische Haltung kommt am schönsten zur Geltung, wenn sie frei über der Erde steht und nicht, wie manchmal empfohlen, im himmelblauen Schaum von Vergißmeinnicht versinkt.
Nur die zarte *Tulipa sylvestris,* die als in Deutschland heimische Wildtulpe bezeichnet wird, biegt noch schwanengleich ihren Hals

nach unten, solange die Blüte geschlossen ist. Seit 1568 ist sie in Gartenkultur nachgewiesen, doch zur Wildtulpe wurde sie erst, als sie die Obhut des Gärtners verließ und in die Freiheit floh. Als ehemalige Kulturpflanze hatte sie jedoch schon einen höheren Chromosomensatz als echte Wildtulpen und konnte deshalb außerhalb der Gärten nur in gestörten, also kultivierten oder wenigstens in der Vergangenheit bearbeiteten Böden existieren. Wissenschaftlich korrekt müßte man sie eigentlich unter die sogenannten »Neotulpen« einordnen.

Nachdem sie sich von der echten Wildtulpe *Tulipa australis* durch den »Chromosomensprung« abgesetzt hatte, lernte sie es, unterirdische Ausläufer zu bilden, an deren Enden neue Brutzwiebeln entstehen. Tief in der Erde erwanderte sie sich auf diese Weise große Areale. Vielleicht hat ihr der Mensch dabei geholfen, bis in nördliche Breiten vorzudringen. Es ist immer überraschend und rätselhaft zugleich, wie *Tulipa sylvestris* auch in alten norddeutschen Bauerngärten plötzlich aus Beeten und Wegen hervorbricht, ihre züchtig geneigten Knospen zunächst im Wind wiegt, bis an einem schönen Sonnentag ungezählte gelbe Sterne in den Himmel blicken.

Dann verschwindet sie wieder – so tief ins Erdreich zurückgezogen, daß der Spaten sie nicht erreicht. Es gibt Bestände, die über hundert Jahre alt sein müssen. Kein Mensch weiß mehr, wie sie in die Gärten gekommen sind. Es wird schon seit langem einfach über sie »hinweggegärtnert«. Daß *Tulipa sylvestris* das nicht übelnimmt, trägt ihr Liebe und Bewunderung ein, obwohl es doch so viele Tulpen gibt, die prachtvoller sind als sie.

Tulpen wollen gerne bis zu den »Zehenspitzen« sichtbar sein. Erst dann zeigt sich ihre straffe, majestätische Haltung.

… der pringt uns plüemlein vil

Der grüne, mit Vogelsang erfüllte Mai ist seit Jahrhunderten der meistbesungene Monat. Nürnbergs Meistersinger Hans Sachs feierte ihn im 16. Jahrhundert als den Blumenbringer. Schon 300 Jahre früher begeisterte sich Neidhardt von Reuenthal an Maienblümchen auf dem Rain, an »weißen, roten, gelben samt den blauen«. Kein Mensch fragte damals danach, ob sie wohl zusammenpassen würden. Aber irgendwann haben wir damit begonnen, im Garten die Blumen nach Farben zu sortieren. Warum eigentlich?
Als ich noch ein Schulkind war, gab es simple und strenge Modegesetze in Sachen Farbharmonie. Zum Beispiel galt die eherne Regel, daß Blau und Grün zusammen genauso unmöglich seien wie Lila und Orange. Dazu fällt mir eine Geschichte ein, die mich damals sehr beeindruckt hat: Zwei Damen fürstlichen Geblüts rivalisierten miteinander, wer von ihnen die Schönste sei und den besseren Geschmack besitze. Wann immer sie wußten, daß sie einander begegnen würden, putzten sie sich groß her-

Hier ist nach Farbe sortiert worden: Dem lilafarbenen Rhododendron wurden fein abgestufte Rosatöne zu Füßen gelegt. Das setzt sanfte Lichtpunkte in Schattenpartien.

Ein bräutliches Bild: Frühe und späte Tulpen, Hyazinthen, Perlhyazinthen, Anemone blanda *('Fairy') und Bodendecker – alles in Weiß. Jetzt fehlt nur noch eine Mondscheinnacht!*

aus, um die Konkurrentin zu übertrumpfen.
Eines Tages beschloß die eine, der anderen einen unvergeßlichen Denkzettel zu verpassen. Sie lud sie zu einem Galadiner ein und ließ heimlich nachforschen, welche Farbe das Kleid haben würde, das ihre Gegenspielerin zu diesem Anlaß tragen wollte.
Als sie erfuhr, daß die Rivalin sich zu grünem Samt entschlossen habe, ließ sie ihre Räume mit königsblauem Damast ausschlagen, sorgte für blaugoldene Tischdekoration und verordnete sich selber und den anderen Damen schlichte blaue Roben und goldenen Schmuck.
Schon beim Eintreten wurde die eingeladene Dame blaß vor Wut. Sie erkannte sofort, daß sie in ihrem mit glitzernden Steinen übersäten grünen Samtkleid innerhalb der blaugoldenen Harmonie wie eine taubeperlte Maus aussehen würde. Blau und Grün zusammen – das ging eben einfach nicht.
Wieso sind solche Regeln allgemein gültig gewesen, wo doch Mutter Natur das ganz anders sieht? Hat sie nicht auch den blauen Blumen grüne Blätter mitgegeben?
Inzwischen sind wir kühn geworden. Was vor wenigen Jahrzehnten noch eine geschmackliche Todsünde war, tummelt sich jetzt auf Jacken, Pullis, Sonnenschirmen, Sitzkissen und Markisen: Orange neben Rosa, Türkis zu Lila und Lindgrün, Purpur neben Rost und Beige. Die Sicherheit von Ton-in-Ton ist langweilig geworden. Der starke Reiz, das Wagnis wird genossen. Nur bei den Blüten im Garten sind wir pingelig geblieben. In Hunderten von ästethischen Fotos wird uns gezeigt, was gut miteinander aussieht. Ton-in-Ton-Abstufungen sind angesagt, und

Gelb steht für Sonnenlicht und Lebensfreude. Im Garten braucht es manchmal einen Dämpfer aus blau- und graugrünen Nachbarpflanzen, damit es nicht alles überstrahlt.

konsequente Benachbarungen von farbverwandten Blüten und Blättern gelten als meisterhaft angewandte Finesse.
Ich muß gestehen, daß auch ich davon beeindruckt bin. Und wenn ich auch nicht den Ehrgeiz habe, etwas so Elitäres wie einen »Weißen Garten« für Vollmondnächte anzulegen, so versuche ich doch wenigstens, der fatalen Tendenz zum Farbenchaos in meinem Garten entgegenzuarbeiten. Allerdings hat mich dabei schon manches Mißgeschick ereilt.
Da habe ich einmal erlebt, daß Narzissen und Perlhyazinthen gleichzeitig blühten, und schon mache ich ein Konzept daraus. Zwei Jahre geht es gut, dann sorgt eine Laune der Natur dafür, daß fortan die beiden einander just an der Nase vorbeiblühen. Nachdem sich die Perlhyazinthen endlich so vermehrt haben, daß sie auch ohne das Narzissengelb wirken, kommen die Wühlmäuse. Sie kommen in Scharen und verschlingen in einem Sommer den Grundstock für das gesamte Frühlingsblau. Im nächsten Jahr ist mein April also nur wieder gelb und weiß.
Frustriert wende ich mich den Tulpen zu. Eine graulila und eine purpurfarbene Sorte habe ich schon. Ein kühles Rosa wäre schön dazu. Also kaufe ich 60 Zwiebeln der 'Elizabeth Arden', die im Katalog als bläulichrosa beschrieben wird und auf der Verpackung auch so aussieht. Eine prächtige Tulpe – doch sie ist nicht rosa bei mir. Drei Wochen lang muß ich damit leben, daß sie ihre blauen Schwestern mit leuchtendem Hellrot in Grund und Boden strahlt. Und sie bestockt sich wie verrückt. Da ich Achtung vor soviel Lebenskraft habe, lasse ich sie in Frieden.
Also wieder die Narzissen. Da habe ich im vergangenen Frühjahr gesehen, daß die zweijährige Mondviole *(Lunaria annua)* genau zur Narzissenzeit in allen Hecken blühte. Ihr weiches Lila, das sich im Abendlicht oder bei

Ich kenne nichts,
was das Glück
übertrifft,
das einem Gras und
Blumen gewähren!

ANDREW MARVELL

trübem Wetter wundersam vertieft, könnte mir wahrscheinlich helfen.

Doch dann werden die Mondviolen zwischen den Narzissen fast eineinhalb Meter hoch. Und was das Schlimmste ist: Sie halten sich fortan an eine perfekte Terminabsprache mit der knallroten (falschen?) Elizabeth-Arden-Tulpe. Ihr dissonantes Zwiegespräch beherrscht im Mai den Garten.

Ein einziges Mal ist mir bei meiner Versuch-und Irrtum-Methode etwas gelungen. Dem Beet mit der lilablauen Farbmasse des *Geranium* x *magnificum* und der daraus lustig hervorfunkelnden rotweiß gestreiften *Rosa gallica* 'Versicolor' setzte ich mit kühnem Griff eine knallgelbe, niedrige Nachtkerze und ein paar Tuffs weißer Margeriten hinzu. Es wurde etwas für Kinderherzen: satte klare Farben, unvermischt mit den Fingern auf den Grund gekleckst – der Maler Mondrian hätte seine Freude gehabt.

Eine Gartenfotografin, die ich wegen der sanften Tonabstimmung in ihren Bildern bewundere, stand leicht geschockt vor diesem Knalleffekt. Dann atmete sie tief durch und sagte: »Ja, so kann man es natürlich auch machen«.

Ich bin froh, daß sie meine Mondviolen und Tulpen nicht gesehen hat. Und von den sattgelben »Welsh poppies« *(Meconopsis cambrica)* aus England, die sich bei mir dickköpfig darauf versteift haben, nur unter einer sanftrosa blühenden Strauchrose zu gedeihen, will ich gar nicht erst reden.

Federleichte Bekanntschaften

Es ist sowieso gescheiter, im Mai den Mund zu halten und lieber die Ohren aufzusperren. Welch ein Sinfonieorchester tobt sich dann im Garten aus! Auch die letzten Spätheimkehrer unter den Zugvögeln sind endlich zurückgekommen und markieren ihre Reviergrenzen mit großem Stimmaufwand. Das schmettert, pfeift und tiriliert, daß man sein eigenes Wort kaum verstehen kann. Über Jahre habe ich gezählt, was alles in und rund um meinen Garten brütet und bei mir Futter für die Nestlinge sucht. Kaum zu glauben: Allen Hiobsbotschaften über ihr Aussterben zum Trotz bin ich auf 32 verschiedene Singvögel, davon elf Zugvögel, gekommen. Seit das angrenzende Erlenwäldchen groß geworden ist, haben wir auch Buntspechte und alle möglichen Laubsänger. Nur der Sprosser und die Nachtigall fehlen – ihnen ist das rauhe Meer zu nahe.

Wie eine blauviolette Brandung schäumt Geranium x magnificum *um das Leuchtfeuer des Türkenmohns.*

Meine Untermieter im Garten, deren Nester ich oft vergeblich vor Dohlen, Elstern, Katzen und dem Wiesel zu behüten versuche, sind zwar nicht gerade zutraulich, aber sie kennen mich. Wahrscheinlich halten sie mich für genauso harmlos wie eine Kuh. Kein Wunder – »grase« ich doch die meiste Zeit auf allen vieren im Unkraut.

Am sorglosesten behandelt mich mein »Drosselkönig«. Der wartet neben mir, wenn ich ihm neues Badewasser in die Tränke fülle und macht einen lässigen, kleinen Hopser über das dahingleitende Kabel des Rasenmähers, das ihm bei der Suche nach Regenwürmern manchmal in die Quere kommt. Nur für die Wahl eines anständigen Nistplatzes reicht der Intelligenzquotient des Drosselmännchens anscheinend nicht aus. Immer finde ich seine Nester an Stellen, die jeder Feind mühelos erreichen kann. Es geht deshalb auch meistens schief mit seiner Brut.

Überhaupt haben Vögel wohl unterschiedliche Intelligenzquotienten. Vor drei Jahren gab es einen paranoiden Meiserich, der wochenlang sein Spiegelbild in meinen Fensterscheiben

Und wenn du mich lieb hast, Kindchen, schenk ich dir die Blumen all.
Und vor deinem Fenster soll klingen das Lied von der Nachtigall.

HEINRICH HEINE

bekämpfte. Keiner seiner Vorgänger und Nachfolger hat das je gemacht. Wie kann man nur so dämlich sein!
Aber dasselbe würde er wohl von mir denken, wenn er wüßte, daß ich immer wieder beim Turmfalkenruf des Gartenspötters suchend in den Himmel schaue. Kein Vogel fällt darauf herein – nur ich.
Da lobe ich mir meinen klugen Buchfinken, der auf der Westseite des Hauses nistet und auf der Ostseite Nahrung sucht. Sobald ich oben im Schlafzimmer die einander gegenüberliegenden Giebelfenster geöffnet habe, durchquert er den Raum im gemächlichen Wellenflug. Wenn ich ihn dabei erwische, winke ich hinter ihm her und rufe: »Na, hast du mal wieder die Abkürzung genommen?« Er macht das schon seit Jahren.
Wenn man mitten in einem Vogelparadies wohnt, kommt es wohl häufiger vor, als man ahnt, daß gefiederte Gäste ins Haus eindringen. Im Sommer, wenn die Fenster lange offenstehen, finde ich des öfteren die Hinterlassenschaften kleiner Sänger auf meinem Schreibtisch. Mit Vorliebe bekleckern sie Schreibpapier und Manuskripte, die unter der Arbeitslampe liegen.
Das wundert mich nicht, denn der Lampenschirm wird von einem Metallbügel getragen, der genau die richtige Dicke für eine problemlose Landung hat. Und von hier aus hat der kecke Eindringling einen ungestörten Überblick über das ganze Interieur. Ich bin schon dazu übergegangen, dort, wo erfahrungsgemäß am häufigsten gekleckert wird, alte Zeitungen auszubreiten. Gelegentlich ist es mir sogar passiert, daß ich ahnungslos kleine Vögel eingesperrt habe. So fand ich eines Abends im Schlafzimmer auf meiner flauschigen Bettdecke einen Winzling, zur Kugel zusammengekuschelt und in eine Falte geschmiegt. Noch nie hatte ich so ein hübsches Vögelchen aus der Nähe gesehen. Es

war ein Wintergoldhähnchen. Es schlief so tief, daß es sich ohne Gegenwehr vorsichtig aufsammeln und in einem kleinen Pappkästchen mit seitlicher Öffnung nach draußen tragen ließ.

Es war eine frostige Nacht, und ich traute mich nicht, es einfach so schutzlos auszusetzen. So verbarg ich das Kästchen in einem Dickicht aus Weißdornzweigen, und das Wintergoldhähnchen schlief darin weiter, als sei nichts geschehen. Am Morgen war es verschwunden. Ich hoffe, es hat den Anschluß an seinen kleinen Schwarm wiedergefunden, der im tiefen Winter immer mit

Zwei, die sich gut kennen, weil sie seit Jahrhunderten nebeneinander in den Gärten blühen: die Akelei und die dunkelrote gefüllte Bauernrose.

klingelndem Geschwätz in den Bäumen und Sträuchern rund um mein Haus unterwegs ist. Das ganz besondere Glücksgefühl, ein warmes, schlafendes Wintergoldhähnchen in meiner Hand zu halten, war so federleicht wie das Tierchen selber. Ich habe einmal gelesen, daß der Vogel noch nicht einmal drei Gramm auf die Waage bringt. Den Sperber sah ich zum erstenmal als tieffliegenden Blitz in meinem Garten und fragte mich ängstlich, ob wohl eine Migräne im Anzug sei. Später im Winter saß er auf dem Giebel des Nachbarhauses, von wo aus er drei Futterhäuschen unter Kontrolle hatte. Kein Piepmatz wagte es mehr, sie anzufliegen.

Als er beinahe meinen Fitis erwischt hätte, der in der Heleniumstaude seine Jungen fütterte, rief ich verunsichert den Ornithologen in der Nachbarschaft an. Seine Antwort war eigentlich eindeutig: »Ja wissen Sie, Sperber werden selten....«. Trotzdem weiß ich jetzt nicht mehr, wie ich meine Sympathien verteilen soll.

Und dann kam der Sonntagmorgen im März, an dem das Sperberweibchen mich ausdrücklich mit seinem Besuch beehrte. Es baumte auf einem Zaunpfosten auf, sah sich lange vorsichtig um und glitt dann auf den Rasen vor meinem Fenster, um ein Sonnenbad zu nehmen. Stehend breitete es die Flügel aus, sträubte jede einzelne Feder am Körper, bis es aussah wie ein Horrorwesen, und watschelte (ja, es watschelte wie eine fette Ente!) auf das Haus zu. Mich packte ein leises Grausen. Solche Ungetüme

Ein Garten mit hohen Stauden, dichten Sträuchern und stillen Verstecken ist ein Paradies für Vögel. Hier tiriliert es im Mai aus allen Himmelsrichtungen.

waren in den Alpträumen meiner Kindheit auf mich losgegangen. Hitchcock hätte diesen Vogel nicht besser erfinden können. Mit angehaltenem Atem wich ich millimeterweise vom Fenster zurück, um die Kamera zu holen. Doch das Gespenst hatte mich schon erspäht, legte schleunigst seine Federn an und zischte über den Zaun davon.

Die Buchfinkenfrau (oben) wartet besorgt auf die Heimkehr ihres Mannes, der oft so leichtsinnig ist, quer durch das Haus zu fliegen. Das Wintergoldhähnchen hatte dabei schon einmal Pech: Es fand nicht mehr hinaus und schlief auf der flauschigen Bettdecke ein.

Im Reich des Pan

Die kurzen, hellen Nächte im Juni wecken in mir immer wieder den Wunsch, sie einmal ohne Schlaf im Garten zu verbringen – still, aufmerksam und unauffällig, wie ein ungebetener Gast sein muß, der sich ohne Eintrittskarte eingeschmuggelt hat. Ich würde zu gerne wissen, was da vorgeht in diesem Revier, dessen Lichtseite mir vertraut ist, dessen Nachtleben aber ungezählte Geheimnisse birgt. Doch der Geist ist willig, und das Fleisch ist schwach. Bald nach Mitternacht kriecht die Kühle des Taus durch den Parka und die Decke, werden die Hände kalt und die Gedanken an das gemütliche Bett immer verlockender. Ich würde so gerne wie der Zwerg Gimli in Tolkiens »Herr der Ringe« einmal das Nachtgespräch der Pflanzen und Steine hören – doch bisher habe ich es immer verschlafen.
Es kommt jedoch vor, daß ich tagsüber ein wenig Zeit finde, in der ich ein stiller, regungsloser Teil meines Gartens werden kann. Wenn die Sonne hoch im Zenit steht, wenn die flirrende Hitze die Menschen ins Haus treibt, dann verkrieche ich mich manchmal mit einem Buch, dem Briefblock oder Skizzenheft in den tiefsten Gartenschatten, den

Des Sommers schönstes Geschenk: Mittagsstille über blühenden Stauden und ein Stündchen Zeit, sich in all der Herrlichkeit auszuruhen.

Das Leben fließet
wie ein Traum,
mir ist wie Blume,
Blatt und Baum.

Theodor Storm

Eine mit Trauben bekränzte Bacchantin hat sich im verschwiegenen Winkel zwischen Strauchmargeriten, Stiefmütterchen und Petunien von süßen Düften einschläfern lassen.

Blüten der Kapuzinerkresse in allen Gelbnuancen spiegeln das starke Licht des Mittsommers.

ich finden kann. Und während selbst die Vögel einsilbig werden, breitet Pan über alle Kreatur seinen Zauber aus, in den ich eingeschlossen bin, solange ich nicht störe. Dann sehe und höre ich Dinge, die mir sonst verborgen bleiben.

Vom Mirabellenbaum über mir seilt sich langsam eine kleine, grüne Spannerraupe ab. Sie landet auf meinem nackten Arm. Das Terrain gefällt ihr offensichtlich gar nicht. Mit eiligen Brükkenschlägen sucht sie das Weite. Es kitzelt auf der Haut.

Sie ist wohl mit Glück dem Gartenspötter entronnen, der sich im Mirabellengezweig herumtreibt und plötzlich dicht über mir mit ein paar lautstarken, urkomischen Strophen die Stille durchbricht.

Wie ohrenbetäubend auch eine zierliche Mönchsgrasmücke

schmettert, die sich sonst in luftiger Höhe hören läßt, das weiß man erst, wenn sie bei ihrem Ständchen zum Greifen nahe sitzt.
Je länger ich regungslos verharre, desto vorbehaltloser werde ich von den Bewohnern meines Gartens in ihr emsiges Leben integriert. Und je stiller ich mich verhalte, desto aufnahmefähiger werden meine Ohren. Ich höre den gläsern klirrenden Flug der Libellen. Teufelsnadel und Vierfleck jagen im Zickzack-Kurs und schnappen mit deutlichem »Knack« ihrer Kiefer nach der Beute.
Mit feinem scharfen Knall sprengt die Sonne an den heißen Steinplatten die Fruchtkapseln der

Walzenwolfsmilch. Ungezählte bräunliche Nüßchen kollern umher. Ich bin nicht die einzige, die das gehört hat. »Flurr« macht es – ein Buchfink landet, als hätte er schon darauf gewartet und fällt mit Heißhunger über den frisch gedeckten Tisch her. Heimlicher ist der Fitis gewesen. Ein junges, verirrtes Dillpflänzchen im Staudenbeet, das ich mir schon im Kräuterquark vorgestellt habe, gerät unter meinen Augen ins Schwanken. Das schlanke, olivgelbe Vögelchen, das sich darangehängt hat, habe ich nicht kommen sehen. So nah, daß ich es berühren könnte, nascht es vom würzigen Grün. Gut, wir werden es uns

Libellen sind Flugkünstler mit der Manövrierfähigkeit von Ufos. Hier gönnt sich ein Plattbauch ein paar Sekunden Rast bei der Jagd auf fliegende Insekten.

teilen, nicht wahr? Etwas weiter entfernt raschelt es plötzlich in kurzen, energischen Intervallen in den dürren Fruchtständen der Perlhyazinthen. Eine Maus? Ich weiß, wie Mäuse rascheln – dies hört sich anders an.
Da es nicht still wird, hebe ich vorsichtig den Kopf: Ein kleiner rotbrauner Kobold mit dickem Schwanz ist unterwegs, mal dicht am Boden, mal aufgerichtet ein putziges »Männchen« machend. Noch ehe ich begreife, was ich sehe, ist er vom Erdboden verschwunden. In ein Mauseloch getaucht? Es ist das erste Mal, daß ich ein Mauswiesel in meinem Garten jagen sehe.
Das erfüllt mich fast mit Dankbarkeit, denn für die Mäuse bin ich auf meinem Liegestuhl wohl nicht mehr als ein ungefährlicher Einrichtungsgegenstand meines Gartens. Und außerdem wohl auch noch nützlich – versorge ich sie doch mit allerlei Delikatessen wie Krokus- und Lilienzwiebeln. Deshalb wagen sie sich auch ungeniert zwischen die Beine meiner Gartenmöbel, wenn ich draußen Kaffee trinke. Geradezu plump vertraulich ging jetzt eine Rötelmaus mit mir um, die – irgendwelche und undefinierbaren Winzigkeiten von den Steinplatten meines Sitzplatzes naschend – unter meinem Stativ umherlief, während ich Rosen fotografierte. Im Schlepptau hatte sie ein Junges, das ihr eifrig folgte, hin und wieder aber auch mal eigene Wege gehen wollte. Dann wurde es von seiner

Mit Zweigen, Blättern und Blüten nimmt der Garten einen Sitzplatz in die Arme. Auch der Gärtner freut sich manchmal über ein Versteck.

Mutter resolut im Genick gepackt und zurückgeholt – wie ein kleiner Welpe von der Hündin.
Nach einer langen, stillen Siesta reihten sich einmal vier winzige Zaunkönigskinder auf der Planke an meinem Sitzplatz auf und beäugten mich minutenlang unter lebhaftem Meinungsaustausch, während ihre besorgten Eltern im benachbarten Holunderstrauch vor solchem Leichtsinn warnten. Als schließlich eines der Jungen einen unsicheren, aber tollkühnen Anflug auf die rechte große Zehe meiner hochgelegten Füße wagte, brachen die entsetzten Eltern wie ein Donnerwetter über ihre Schar herein und scheuchten sie ins Erlenwäldchen zurück.
Das sind die Augenblicke, in denen ich mich eins mit meinem Garten fühle.

Pfingstrosen stehen nicht immer fest auf den Beinen. Dann tut es ihnen gut, daß sie sich ans Geraniumkissen lehnen können.

Späßchen der Mäuse

Manche kleinen Blumenhorste am Wege überdauern Kaiser und Könige.

KARL FOERSTER

Dafür, daß mein Gartenleben nicht in selbstvergessene Träumereien ausartet, sorgt vor allem die emsige Schar der kleinen Nager, die es sich in den Kopf gesetzt hat, auf Gedeih und Verderb mit mir zusammenzuleben. Sie liefert in meinem Gartentagebuch die unendliche Geschichte. So hängen sich die Mäuse an unzählige Eintragungen, die eigentlich gar nichts mit ihnen zu tun haben – manchmal nur als Hauptwort mit Ausrufezeichen (Mäuse!), aber immer als Protest oder hilfloser Stoßseufzer.
Das liest sich schon fast wie das ständig wiederholte Ceterum censeo des älteren Cato, der alle seine Reden vor dem römischen Senat beharrlich damit schloß, daß er der Meinung sei, Karthago müsse zerstört werden.
Nun, Karthago ist von den Römern erobert, zerstört, wieder aufgebaut und am Ende von den Arabern vernichtet worden. Daß hingegen jemand die Mäuse in meinem Garten besiegen könnte, kann ich mir einfach nicht vorstellen.
Es wird mir oft geraten, eine Katze anzuschaffen. Aber warum sollte ich das tun, nachdem doch drei meiner Nachbarn Katzen haben, die regelmäßige Jagdausflüge in meinen Garten machen? Ich kenne sie alle mit Namen.

Sie sitzen schnurrend neben mir, wenn ich Unkraut zupfe. Und dann erschrecken sie mich fast zu Tode, wenn sie plötzlich wie ein D-Zug an mir vorüberrasen und unter den Rhododendron rauschen. Dort schnappen sie sich etwas kleines Braunes, was durchaus eine Maus, genausogut auch ein Vögelchen sein kann, und entwischen damit über den Zaun.
Selbst wenn sie wirklich nur Mäuse und keine Vögel fangen sollten (was leider nicht der Fall ist), kann ihr Einfluß auf die Bevölkerungsdichte der kleinen Nager in meinem Garten nur minimal sein. Gerade eben ist wieder ein langgestieltes Blatt des *Geranium* x *magnificum* vor meinen Augen im Erdboden verschwunden. Eine Frechheit ist das doch!
Da die Mäuse sowieso in all meinen Gartenangelegenheiten mitwirken, kann ich sie getrost einmal zum Hauptthema machen – vielleicht unter dem Arbeitstitel »Mäuse – wie sie wohnen, sammeln, fressen und Späßchen machen«.
Späßchen machen sie nämlich auch. Oder wie soll ich es verstehen, daß sie zum Beispiel in einem Sommer alle Klatschmohnstengel kurz über der Erde abgenagt, sie dann in zwei bis drei Zentimeter lange Stücke zerlegt und zu ordentlichen kleinen Bündeln gestapelt haben? Was in aller Welt konnten sie damit bezwecken, außer mich zu ärgern? Wenn es irgendwie geht, ärgere ich sie auch. So stopfe ich auf einem frisch angelegten, noch ziemlich kahlen Staudenbeet alle Versuche einer Wühlmaus, einen Bau zu graben, zweimal täglich zu. Und ich amüsiere mich königlich, wenn ich sehe, wie meine Gegenspielerin immer neue Verstecke für ihr Schlupfloch ausprobiert. Eigentlich müßte sie sich über mich ärgern – müßte sie doch, nicht wahr?
Natürlich habe ich von den Tricks gehört, die Wühlmäuse aus den Beeten vertreiben sollen. Zum Beispiel Kaiserkronen, Knoblauch oder die Mandelblättrige Wolfsmilch (*Euphorbia amygdaloides*) pflanzen. Aber ich traue

Ein kleiner Extra-Garten, in Töpfen und Körben angepflanzt und deshalb »wühlmaussicher«.

Nähere Bekanntschaft mit den Sitten und Gebräuchen der Wühlmäuse weckt Zweifel an der Behauptung, daß Knoblauch die lästigen Nager fernhält (ganz rechts).

Auch die niedliche Waldmaus taucht in größeren Gärten auf. Sie versucht oft im Haus zu überwintern und endet dann in der Mausefalle.

diesen Empfehlungen nicht mehr, seit ich meine Trittplatten zwischen den Zwiebelblumen angehoben und darunter wohlgefüllte Vorratskammern der Mäuse gefunden habe. Was die Nager dort gehamstert hatten, waren ausschließlich Zwiebeln des Goldlauchs *(Allium moly)*, die schon bei der geringsten Berührung so penetrant nach Knoblauch riechen, daß sie, wenn die Theorie stimmen würde, von Mäusen wie die Pest gemieden werden müßten.
Fallen wollte ich eigentlich nicht stellen, zumal ich dabei meistens meine eigenen Finger fange. Aber als sich eines Sommers sogar die Schermaus, auch Große Wühlmaus genannt, in meinem Garten ansiedelte, blieb mir nichts weiter übrig, als meinen Nachbarn zu Hilfe zu rufen. Er kam mit federnden Schritten, einer Rattenfalle und Augen, aus denen das Jagdfieber leuchtete – jeder Zoll ein Alaska-Trapper. Tagelang eilte er schon im Morgengrauen durch meine Gartenpforte, bis er endlich mit der ersten Beute zurückkehrte: »Nu gucken Sie mal, was für einen swatten Deubel ich da gefangen habe!«
Das Tier war so groß wie eine Ratte. Es hatte alle Wurzeln meiner geliebten Gallicarose 'Tuscany' gefressen und verwandelte nun meinen gemütlichen Nachbarn in einen besessenen Mäusejäger. Was er als Köder benutzte, blieb sein Geheimnis. Für meinen Vorschlag, das oft empfohlene knackig-frische Mohrrübenstückchen zu bringen, hatte er nur eine verächtliche Handbewegung. Was dann also? Er murmelte etwas Unverständliches und scheuchte mich höflich, aber mit Nachdruck davon.
Später nahm ich heimlich in Augenschein, womit er die Falle bestückt hatte und kam zu dem unglaublichen Schluß, daß es ein mit Honig bestrichener trockener Brotrest sein mußte. Es ist wohl ein Relikt aus Urzeiten, daß ein Fallen stellender Jäger seine Tricks für sich behalten muß, wenn er unliebsame Konkurrenz vermeiden will. Mein Nachbar hat mir jedenfalls nichts verraten. Drei weitere »swatte Deubel« brachte er noch zur Strecke, dann war erst einmal Ruhe im Revier. Ich konnte getrost mitten im Juni das Staudenbeet um- und den Mäusebau ausgraben. Es gab nur noch wenige Pflanzen zu retten.

Nur die Narzissenzwiebeln waren unangetastet geblieben. Deshalb überlegte ich allen Ernstes, ob ich meinen Garten nicht »mäusesicher« bepflanzen könnte. Es mußte doch irgendwo in der Gartenliteratur eine Aufstellung all jener Zier- und Nutzpflanzen geben, die von Mäusen nicht gefressen werden. Ich habe jedoch nichts dergleichen endeckt. Warum hat sich eigentlich noch keine Forschernatur gefunden, die sich in dieses Thema kniet? Wenn ich wirksame Maßnahmen gegen Mäuse in meinem Garten treffen wollte, müßte ich wohl vor allem darauf verzichten, meinen Boden ganz und gar mit einem Pflanzenteppich zu bedecken, der sogar im Winter alle Mauselöcher und -pfade unsichtbar macht. Ich sehe ein, daß ich mit ungestörtem (das heißt in diesem Fall nicht umgegrabenem) und bedecktem Gartenland ein Paradies nicht nur für Nützlinge erhalte. Aber damit stellt sich mir eine fast schon philosophische Frage: Soll ich »den Guten« alles wegnehmen, damit »die Bösen« auch nichts haben? Hinzu kommt meine eigene verflixte Ambivalenz. Ich kenne mich doch: Wenn ich mal wieder in einem steilwandigen Graben, den die Tiefbauer ausgeschachtet haben, eine Maus in panischer Angst umherlaufen sehe, dann werde ich wie immer nicht ruhen, bis ich sie gerettet habe. Natürlich ist das inkonsequent, weil sie hinterher vielleicht meine Krokuszwiebeln frißt. Aber es ist ein so schönes Gefühl, sie erleichtert davonrennen zu sehen!

... doch die Rosen kommen erst

Nie soll weiter sich
ins Land
Lieb von Liebe
wagen,
Als sich blühend in
der Hand
Läßt die Rose
tragen.

NIKOLAUS LENAU

So schnell, wie sich ein Mäuschen aus dem Staub machen kann, geht der Sommer gottseidank nicht. Doch wenn der Juni endet, nimmt die Kraft des Sonnenlichtes wieder ab. Ganz unmerklich, Minute für Minute, werden die Tage kürzer. Sommers Abschied beginnt heimlich. Deshalb befällt mich auf dem Höhepunkt des Gartenjahrs manchmal eine stille Trauer. Warum nur kann man all das Schöne nicht festhalten?
Zuerst das Frösteln der Krokusse im kalten Regen, dann den stolzen Reigen der Narzissen, die ersten Flötentöne der Singdrossel. Die Düfte: Gras, Primeln (ach, so leicht!), Maiglöckchenschwaden, und plötzlich alles zusammen – Flieder, Weißdorn, Apfelbäume, Azaleen. So intensiv, daß man glaubt, diese Wolke greifen, berühren zu können.
Die Vögel: ein erster Buchfink und die Meisen schon Ende Januar, dann Zaunkönig, Rotkehlchen, Heckenbraunelle. Ein schöner Märztag bringt den Zilpzalp, und schließlich bricht ein Jubilieren herein wie das Getön einer mächtigen Orgel.
Und dann kommt eine helle Vollmondnacht, zu kühl noch, um im Garten zu bleiben, oder ein berauschend aromatischer, windstiller Abend, noch tropfend nach einem Tag mit Dauerregen, und alles steht in wunderbarer, unglaublicher Vollkommenheit. Regungslos, atemlos, ewig.
Doch jetzt bräunen sich schon die Fliederblüten, während sie noch duften. Die Vögel werden heimlicher. Sie haben keine Zeit mehr, denn sie füttern. Der lichte Wald, die Knicks und Hecken verlieren ihre Durchsichtigkeit, werden fest, kompakt, dunkel. Der Krokus – war es nicht erst gestern? – spurlos verschwunden. Tulpenstengel kahl, Buschwindröschen vom derben Giersch verschlungen – und es ist doch erst Juni!
Mir kommt es vor, als hätten mich liebe Geschwister verlassen. Die liebsten wohl, denn wenig bedeutet mir im Augenblick der Trost, daß die Rosen erst noch kommen.
So sitze ich im Überfluß des Sommerlichtes und blase Trübsal. Wenn ich mich jetzt nicht streng ermahne, dann landen meine Gedanken bei dunklen Novembernebeln und schon am Vormittag brennenden Lampen. Welch schreckliche Aussichten sind das doch.
Dabei sprießt der Schachtelhalm zu meinen Füßen aus den Plattenfugen der Terrasse. Obwohl an diesem Ort vollkommen fehl am Platze und ohne Überlebenschance, macht er aus diesem Sommer, was er kann, und schert

sich nicht darum, daß es November werden könnte.
Noch bevor ich seinen Übermut dämpfen und ihn ausreißen kann, winkt eine Hand über den Gartenzaun. Die Nachbarin mit einer Schüssel Erdbeeren. Was denn – gibt es die schon?

Erste Ernte, wie sie sagt. Sie haben prächtig angesetzt. Auch ihr Pflaumenbaum will endlich einmal tragen. Nur die Kirsche hat leider wieder *Monilia*.
Meine auch, sage ich, aber die uralte rote Mirabelle – sehen Sie mal!

Mein alter Mirabellenbaum – das war eine beschämende Geschichte für mich. Er steht ganz unten an der Gartengrenze zum Erlenwäldchen und führt zwischen den überhängenden Ästen der Erlen und Traubenkirschen einen zähen Kampf um Raum für seine Krone. Er ist der erste Baum, der hier erblüht – manchmal schon Ende Februar. Viele seiner Zweige sind im Handgemenge mit der übermächtigen Konkurrenz abgestorben. Doch auf der Seite zum Garten greifen sie weit ins Licht und neigen

Noch liegt der jungfräuliche Schmelz der ersten Stunde auf der Blüte von 'Reine Viktoria'. Diese alte Bourbonrose verlängert den Sommer bis in den Herbst hinein, weil sie remontiert.

sich wie ein hohes Gewölbe über meinen Schattensitzplatz im Wildnisgarten.

Von jeder Stelle des Grundstücks ist der Mirabellenbaum zu sehen, und wenn er mit dem ersten Drosselschlag seine kleinen weißen Blüten öffnet, sieht es aus, als sei ein acht Meter langer Brautschleier in das noch schwarze Astgewirr der Erlen gehängt.

Dieses alte Kleinod meines Gartens habe ich anfangs sträflich vernachlässigt. Ich kannte Mirabellen nicht, und die saftigen, leuchtend orangeroten Pflaumen, die im August in großen Mengen auf meinen Sitzplatz kullerten,

Unter dem Blütenregen von 'New Dawn' lädt eine Bank zu angenehmen Träumen ein (ganz links).

In schönsten Puderfarben zwischen Apricot und Perlrosa öffnet 'Charles Austin' sich dem sommerlichen Licht.

hielt ich für irgendwelche ungenießbaren Zierfrüchte. Ich fegte sie eimerweise zusammen und überließ sie den Wespen, Mäusen und Vögeln. Erst ein Baumschuler machte mir klar, um welche Genüsse ich mich damit brachte.
Inzwischen partizipieren auch meine Freunde an diesem Segen, dessen ich allein oft nicht Herr werden kann.
Und die Nachbarin am Zaun freut sich auch auf ein Eimerchen mit roten Mirabellen, denn sie kennt nur die gelben, die »nach gar nichts« schmecken.
Unser Gespräch plätschert munter dahin. Ich genieße es von ganzem Herzen, holt es mich doch aus meinen trüben Zukunftsvisionen in die helle Gegenwart zurück. Es ist gut, daß es Gartennachbarn gibt und daß die Rosen erst noch kommen.

Wer sagt denn, daß ein Rosenbogen immer irgendwohin führen muß? Es genügt doch, daß er Rosen trägt!

Lust auf fremde Paradiese

Leidenschaftlichen Gärtnern wird oft nachgesagt, daß sie sich in der Idylle ihrer Gartenschöpfung einigeln und kaum für etwas anderes zu begeistern sind. Zumindest im Juli stimmt das nicht, denn nirgendwann haben sie so viel Lust auf fremde Gärten wie in diesem Monat. Der »grüne Daumen« und die Neugierde auf Nachbars Stauden sind ihnen – oft ungewollt – schon in früher Kindheit mitgegeben worden.
Ich bin zum Beispiel aufgewachsen in einer Zeit, als Eltern mit ihren Kindern noch Sonntagsspaziergänge machten. Und jedesmal, wenn es losgehen sollte, schickte ich ein Stoßgebet gen Himmel: Hoffentlich kommen wir nicht an so vielen Gärten vorbei!
Da standen sie dann – Vater und Mutter, reckten die Hälse über Hecken oder Zäune, begutachteten den Stand der Frühkartoffeln, diskutierten den Schnitt der Obstbäume, verglichen, ob im eigenen Garten vielleicht etwas besser gedieh oder entdeckten Neues, das ausprobiert werden könnte.
Wir Kinder traten derweil gelangweilt auf unseren Sonntags-

Das Tor zum Garten Eden ist geöffnet. Wer könnte diesem einladenden Anblick widerstehen?

Vertraut und doch verfremdet: Wiedersehen im Garten mit den Blumen vom Rand des Kornfelds.

Streng geplant und dann ein wenig verwuschelt: So drückt eine Staudenpflanzung den ganzen Überschwang eines Gartensommers aus (rechts).

schuhen herum. Obwohl wir selbst im Garten mit anpacken mußten, hatten wir nicht das geringste Bedürfnis, unsere Leistung mit der anderer Gartenbesitzer zu vergleichen. Aufatmend trollten wir uns davon, wenn sich unsere Eltern endlich von ihrer Lieblingsbeschäftigung losrissen.

Seltsamerweise ändert sich das, wenn man erwachsen wird und selbst ein Stückchen Garten angelegt hat. Kaum ist es einigermaßen fertig, genügen die schlauen Bücher nicht mehr. Man ertappt sich nicht nur auf Sonntagsspaziergängen dabei, daß man wie seinerzeit Vater und Mutter über Hecken und Zäune späht, nach besonderen Entdeckungen, neuen Anreizen, nach Bestätigung oder lehrreichen Meisterstücken der Gartenkunst sucht. Die wie auch immer angelegten Grundstücke der Freunde werden interessanter als ihre Urlaubsdias vom Nordkap, und noch hinter dem unscheinbarsten Pförtchen einer ländlichen Umzäunung wittert man ein unbekanntes Gartenparadies. Besuche in fremden Gärten können fast eine Sucht werden. Man sehe sich nur einmal die sommerlichen Terminpläne der Pflanzen- und Blumenliebhaber an: Die Grenzen Deutschlands sind längst überschritten. In komfortablen Bussen rollen die Gruppen gerade auch jetzt wieder weitgesteckten Zielen entgegen.

Landschaftsgärten, Rosarien, berühmte Staudenpflanzungen, botanische Sammlungen, Spezialsortimente von *Iris*, *Hemerocallis*, Wasserpflanzen oder *Rhododendron* – alles, was auf der Route liegt, wird wahrgenommen. Und im Gepäckraum des Busses werden Koffer und Taschen dreimal umgeräumt und immer enger zusammengepfercht, weil ständig mehr Platz gebraucht wird für Töpfe und Container mit blühenden Pflanzen. Der Verführung, etwas Wunderhübsches, neu Entdecktes mit nach Hause zu nehmen, erliegt fast jeder Reiseteilnehmer – und handele es sich auch nur

um ein Pflänzchen der Karl-Foerster-*Veronica* 'Blauriesin' (endlich so tiefblau, wie man sie lange gesucht hat).
Selbst 400 Fahrtkilometer am Stück sind für Gartenreisende keine verlorene Zeit, sondern eher ein Genuß. Zwei, die nebeneinander sitzen, tauschen vielleicht intime Erfahrungen mit der Aufzucht von Rosenstecklingen aus, während sich über ihre Köpfe hinweg ein lebhafter Disput um die Vor- und Nachteile von Rindenmulch entwickelt. Zettel mit Buchtiteln oder botanischen Pflanzennamen werden von vorne rechts nach hinten

Jeder schafft sich sein besonderes Paradies. Die Liebe zum Bauerngarten stand Pate bei dieser fröhlichen Mischung aus Blumen und Gemüse.

mehr Ehrgeiz und Perfektionismus hätte!
Vom Gartenzaun winkt das Blaßorange meiner uralten Taglilie (*Hemerocallis aurantiaca* 'Major') einen freudigen Wiedersehensgruß herüber. Als »rote Asphodill-Lilie« ist sie schon im 16. Jahrhundert in vielen Kräuterbüchern präsent. Jetzt findet man sie in keinem Katalog mehr. Dafür aber etwa 28000 *Hemerocallis*-Sorten in opulenten purpurnen, roten und braunen Samttönen oder perligen Pastell-

An Alexis send ich dich,
er wird, Rose, dich nun pflegen;
lächle freundlich ihm entgegen,
daß ihm sei, als säh' er mich!

Christoph August Tiedge

ganz links weitergereicht, und Prospekte von empfehlenswerten Staudengärtnereien machen die Runde.
Irgendwer verteilt köstliche, selbstgebackene Plätzchen, ein anderer bietet Pfefferminzdrops an. In Ermangelung von etwas Besserem schaukelt das stibitzte Reis eines unbekannten Strauches in der halbleeren Selterflasche einer Gartenfreundin, die bei jedem Bremsmanöver geduldig aufpaßt, daß nichts überschwappt oder kippt.
Wenn man selber dazugehört, darf man wohl ungestraft behaupten: Da reist ein leicht verrücktes Völkchen.
Vollgesogen mit neuen Eindrücken, besessen von neuen Sehnsüchten und Ideen kehre ich jedesmal nach solchen Reisen in meinen eigenen Garten zurück. In jedem Arm einen Container mit Pflanzen, stehe ich auf dem mähreifen Rasen, überschaue das Ganze und denke: wie ärmlich! Was alles könnte hier prächtiger, bedeutsamer sein, wenn ich nur ein wenig

farben. Als ich auf einer Gartenreise ins Frankfurter Umland im Palmengarten ein riesiges Sortiment davon vorfand, verschlug es mir fast die Sprache. Ich geriet in einen Taglilienrausch, dem allerdings schnell die Ernüchterung folgte: zuviel, zu bunt, zu bombastisch. Meine spontane Euphorie fiel in sich zusammen, drei vollgekritzelte Notizblockseiten wanderten in den nächsten Papierkorb.
Liebe alte, rote Asphodill-Lilie, was haben sie aus dir gemacht?

Flach genug auch für kleinste Sänger und mit einem Flügelschlag zu erreichen ist die Vogeltränke im Staudenbeet.

Es ist zwar schön, diese Wunder einmal aus der Nähe gesehen zu haben, doch hängt mein Herz an den vergessenen Antiquitäten, deren letztes Stündlein in den Gärten vielleicht bald schlagen wird.
Allerdings gab es im letzten Sommer ein fremdes Gartentor, hinter dem auch für mich eine große Versuchung lag: Im tiefen Schatten von Bäumen eine stille, verträumte *Hosta*-Pflanzung, durch die sich wie ein glitzerndes Bächlein ein Band von zierlichen Weißrandfunkien wand. Panaschiertes Laub war mir immer ein Greuel! Doch dieses Bild verfolgt mich unentwegt. Ich fürchte, mein Immunsystem ist überrumpelt ..., es keimt eine neue große Liebe.

Erinnerungen an die »gute Stube« – streng symmetrisch und tiptop gepflegt (Mitte)

Von Zeit und Eile

Um eine kleine Blume zu erschaffen braucht es Zeitalter.

William Blake

Wie gut, daß mein etwas unordentlicher Garten im Sommer nur von wohlmeinenden Nachbarn, Freunden und ihren Kindern zum Kaffeetrinken besucht wird. Gerade sind sie gegangen. Drei Stunden haben sie meinen Garten mit Fröhlichkeit und Gelächter erfüllt. Meine Blumen und Bäume, der Teppich der weißgefleckten Taubnessel im Schatten und die weitausgreifenden Jungtriebe der Kletterrose 'Veilchenblau' sind bewundert worden. Es klingt mir noch in den Ohren: Schön hast du's hier – was für ein herrlicher Garten! Ich bin verlegen dabeigestanden und habe mir Mühe gegeben, genauso begeistert zu sein. Aber ich war mir nicht so sicher, ob sie den ungemähten Rasen und die Quecke im Taubnesselteppich einfach nur taktvoll übersehen hatten. Und wieso sollten sie daran denken, daß das Vergnügen an 'Veilchenblaus' Üppigkeit spätestens mit dem dringend notwendigen Auslichten einer ganzen Wagenladung voll alten Holzes sein Ende haben würde? Ist es denn wahr, daß einen Garten nur genießen kann, wer keinen Garten hat? Und daß ein Gartenbesitzer vor lauter Arbeit kaum noch dazu kommt, die Schönheit seines Gartens in Muße zu würdigen?

Es nützt ihm jedenfalls nichts, sich zu Ruhe und Genuß zu zwingen, wenn der Hahnenfuß, der munter zwischen den Astilben umherstolziert, sich nicht aus den Gedanken verbannen läßt. Das hochgelobte Leistungsprinzip und die Ungeduld des westlichen Menschen können im Garten ein ernstzunehmendes Handicap sein, wenn es darum geht, das selbstgeschaffene Paradies unbeschwert zu bewohnen.
In diesem Zusammenhang denke ich manchmal an ein Sprichwort, dessen Herkunft ich leider vergessen habe: Gott hat die Zeit gegeben, von Eile hat er nichts gesagt. Vor dreißig Jahren zeigten mir die Andalusier während eines Spanien-Urlaubs, wie man diese Weisheit lebt.
Wir wollten vom Hotel aus nach Granada fahren, um die Alhambra und die maurischen Gärten des Alcázars zu sehen. Um 7 Uhr in der Frühe sollte es losgehen – doch alle Spanier schienen diese Zeit für unpassend zu halten. So gab es kein Frühstück im Hotel, und der Bus kam („mañana!") mehr als zwei Stunden zu spät. Unsere Sitzplätze waren versehentlich zweimal verkauft worden und deshalb belegt, als wir einsteigen wollten. Kein Problem – ein Taxi würde uns transportieren. Auch dieses Vehikel kam „mañana", und nur der würdevolle Grande, der es steuerte, hinderte uns daran, unsere Mißstimmung zum Ausdruck zu bringen.
Bei größter Mittagshitze tauchten wir endlich in den Frieden und die Stille der von Mauern umschlossenen Gärten ein. Es war die Stunde des Pans. Wir vergaßen die Zeit. Geschorene Hecken, Zypressensäulen, das in der Sonne flirrende Funkenspiel der aufsteigenden Wasserstrahlen – das war arabische Märchenwelt, ein Ort der Seligen, wie er im Koran verheißen wird. Im Myrtenhof der Alhambra spiegelte sich der anmutige maurische Bogengang – ganz von feinen Arabesken umsponnen – in der unbewegten Oberfläche des Teiches. Wie flüssiges Silber ruhte das Wasser in einer vollkommen

Spiegelndes Wasser – Sinnbild der Ruhe und Zeitlosigkeit im Garten der Alhambra. Von Eile hat Gott nichts gesagt …

Maurische Gärten spenden Schatten, und nur das Geplauder von Wasserfontänen dringt durch die von Mauern umgebene Stille.

glatten Steinfassung, ein Sinnbild der Ruhe und Zeitlosigkeit. Dicht neben der kontemplativen orientalischen Architektur nahm sich der nach der Vertreibung der Mauren gebaute Renaissancepalast Kaiser Karls V. wehrhaft und trutzig aus. Hier hatte im spannungsvollen Kontrast zu den Bauten der Kalifen die sprichwörtliche Unruhe des Abendländers Gestalt angenommen.

Noch auf der Rückfahrt spät in der Nacht sann ich den neu gewonnenen Garteneindrücken nach. Als unser Taxi auf der einsamen Gebirgsstraße mit einer Reifenpanne liegenblieb und wir uns darauf einrichten mußten, auf ein zufällig vorbeikommendes Fahrzeug zu hoffen, wies unser Fahrer mit einer Geste, als mache er uns ein Geschenk, in den finsteren Abgrund neben der Fahrbahn. Dort – 400 Meter unter uns – funkelten die Lichter von Malaga und faßten wie kostbares Geschmeide in Bögen, Kreisen und Girlanden die unsichtbar gewordene Meeresbucht ein. Ein Anblick, den Touristen zu so später Stunde und mit so viel Muße wohl selten genossen haben. Gott hatte die Zeit dafür gegeben, und wir hatten gelernt, wenigstens für diesen einen Tag

die Eile des Abendländers zu vergessen.
Leider hält eine solche Erfahrung bei einem in Hektik und Streß gut eingeübten Mitteleuropäer meist nicht lange vor. Man fällt zu leicht zurück in das Gewohnte. Man wird schon wieder nervös beim Anblick des Nachbarn, der seine Hecke schert. Sogleich nimmt man sich die eigene vor, obwohl man das eigentlich doch noch gar nicht wollte.
Geduld zu üben ist eben schwierig – auch beim Pflanzen von Stauden und Gehölzen. Was nicht sofort Fuß faßt, loswächst, blüht und fruchtet, wird mit Stoßseufzern beobachtet, reichlich gedüngt und notfalls ein paarmal umgesetzt. Dabei hätte es wahrscheinlich nur zwei oder drei Jahre Ruhe gebraucht, um sich einzugewöhnen und eine Schönheit zu werden.
Wie oft schon habe ich meine kleine Vorfrühlingsalpenrose *(Rhododendron praecox)* mit dem Spaten in der Hand umrundet, nur weil sie immer noch nicht blühen will. Vor drei Jahren kam sie als lilarosa getöntes Wunder im Container bei mir an. Jetzt steht sie da – grün, gesund, bescheiden. Ich kann sie nicht dazu bewegen, wieder diesen amethystfarbenen Seidenflor hervorzubringen, um dessentwillen ich sie in den Garten holte. Mit wieviel Sorgfalt und Liebe habe ich ihr den Platz ausgewählt, ihr die Erde im Pflanzloch zubereitet! Wie zuverlässig ist sie gewässert worden, als der Sommer eine Dürre brachte! Was kann ich denn noch tun? Wahrscheinlich gar nichts. Ich sollte ihr lieber geduldig den Rücken kehren und sie in Ruhe lassen. Dann wird sie mich wohl eines Frühlings von ganz allein überraschen. Auch ihr hat Gott die Zeit gegeben und von Eile nichts gesagt.

Der Pinienzapfen, altes orientalisches Symbol der Fruchtbarkeit und Unsterblichkeit, krönte einst Brunnen und antike Rundtempel.

Zurück zum Kleinkarierten

Schön erhebt sich
der Aglei,
und senkt das Köpf-
chen herunter.
Ist es Gefühl? oder
ist's Mutwill?
Ihr ratet es nicht.

JOHANN WOLFGANG
V. GOETHE

Es ist sowieso erstaunlich, wie eigenwillig die Zeit mit einem Garten umgehen kann. Und das sogar unter den Augen des Gärtners, der doch einen Plan und eine feste Vorstellung hatte, wie seine grüne Schöpfung aussehen sollte. Manchmal erreicht er sein Ziel. Doch spätestens dann macht der Garten sich selbständig. Die Bäume werden immer höher, die Schatten immer tiefer, die Sträucher immer breiter, die Stauden immer üppiger oder auch kümmerlicher – je nachdem. Das ist ein ganz natürlicher Vorgang, dem der Gärtner mit Säge und Spaten beikommen kann, wenn er ihm nicht gefällt.

Aber es gibt noch eine andere Art der Veränderung im Garten – eine, die sich einschleicht, ohne dem Gärtner bewußt zu werden. Er sieht noch immer den Garten, den er anfangs wollte. Und es kann lange dauern, bis er plötzlich wach wird und mit Staunen bemerkt, was inzwischen daraus geworden ist.

Im Juli des vergangenen Jahres, als das Vorprogramm des Gartens gelaufen und das Hauptprogramm so richtig im Gange war, überkam mich dieses große Staunen. Was hat sich da in den letzten Jahren bloß alles verändert!

War ich es etwa, die das gemacht hatte? Und wieso? Warum? Hatte ich nicht einmal mit Prachtstauden und einem starken Farbkonzept angefangen? Ist jetzt nicht die halbe Wildnis in die Beete eingezogen? Wo ist der pompöse Prunk geblieben? Seit wann liebe ich Rosa und Weiß, Millefleurs und Kleinkariertes? Ich selber muß es gewesen sein, die sich verändert hat, die mit traumwandlerischer Konsequenz das alte Konzept im Garten ausgehöhlt und ganz allmählich ein neues Bild geschaffen hat.

Ich muß überlegen, wie es angefangen hat. Mit dem Schleierkraut? Nein, das ist noch nichts Wildes. Aber vielleicht mit den Wiesenmargeriten, die ich als Ersatz für die Gartenmargeriten pflanzte, weil die wilden Schwestern nicht immer umfallen. Oder mit der Moschusmalve, die mir auf einem brachliegenden Baugrundstück begegnete und mir Hunderte von Samen schenkte. Sie »lagen ein Jahr über«, und ich dachte schon, es sei ein Mißerfolg. Doch dann hatte ich plötzlich ein neues »Unkraut«: Hunderte von Malvensämlingen, von denen ich doch nur ein halbes Dutzend gebrauchen konnte.

Die schmackhaften Pfahlwurzeln der Wegwarten aus der Sämlingsanzucht eines Nachbarn wurden sofort von Mäusen gefressen. Doch eine Lieblingsblume meiner Kindheit, der Frauenflachs *(Linaria vulgaris),* hat inzwischen ein großes Kissen der Aubrietie überwältigt und blüht in buttergelbem Überschwang. Ihm folgte

die zarte Rundblättrige Glockenblume, die nach einmaligem Flor verschied, weil sie meinen Boden nicht mochte.
Dann entdeckte ich im Rasen das tiefe Blau der kleinen Braunelle und probierte sie als zierlichen Bodendecker. Sie legt eine dichte, flache Matte über einen kleinen Feldsteinhaufen. Doch im Rasen, wo sie gemäht wird, blüht sie um viele Wochen länger.
Es kam das schöne Hain-Veilchen (*Viola riviniana*), das zwischen den Stauden nicht so gefährlich ist wie das Duftveilchen mit seinem tiefreichenden Wurzelfilz.
Es kamen Farne und Gräser aus dem Moor, Walderdbeeren ohne Ausläufer, die bis in den Oktober fruchten und sich weithin versamen, der Kleine Wiesenknopf, die Akeleiblättrige Wiesenraute, der gelbe Hahnenfußblättrige Eisenhut und aus englischen Gärten tiefblaue Wildstiefmütterchen, die überall auftauchen und doch bescheiden bleiben, notfalls sogar in den Stengeln

Ein Traum in Rosa, Weiß und Blau, den eine wahrhaft königliche Buddleia *beherrscht.*

Wo das Hain-Veilchen einmal aufgetaucht ist, versamt es sich unverdrossen bis in die schwierigsten Winkel (rechts).

und Blättern der Stauden emporklimmen. Diese blaue Überraschung zeigt sich jedes Jahr woanders und blüht von März bis zum Oktober.

Das alles liest sich so, als sei ich mit System vorgegangen, doch ich kann schwören, daß jeder Entschluß, eine Wildpflanze in den Garten aufzunehmen, eine Einzelaktion war. Das Ganze hat viele Jahre gedauert, und erst jetzt zeigt sich ein Zusammenhang.

Angefangen habe ich vor 35 Jahren mit einem kleinen Reihenhausgarten auf unkultiviertem Heideboden. Ich hatte damals wenig Geld und Erfahrung und war sehr glücklich, als die Pakete der Tanten kamen, gefüllt mit allem, was ihre Gärten enthielten: sechs Sorten Phlox, vier Sorten Rittersporn, rote und gelbe Lupinen, Tigerlilien, Päonien, Königskerzen, Herbst- und Winterastern, braunes und gelbes Helenium.

All das versuchte ich auf dem rohen, mageren Boden über die Runden zu bringen. Hätte ich nicht angefangen, meinen Kompost als Mulch auf den Beeten verrotten zu lassen und von

Die standhafte Wiesenmargerite mogelt sich noch in bescheidene Lücken und überstrahlt dann von Mai bis zum Herbst mit festlichem Weiß alle anderen Farben.

Weder in Blatt– noch Blütenschönheit braucht die wilde Moschusmalve die Konkurrenz edler Stauden zu fürchten (ganz rechts).

Mitte Mai bis in den Spätsommer mit der Gießkanne auf den Beinen zu sein, dann wäre von dieser Erstausstattung nichts übriggeblieben, um es in meine späteren Gärten mitzunehmen.
Doch was ich damals eigentlich wollte, habe ich jetzt erst in einer alten Mappe wiederentdeckt – meinen ersten Gartenplan für das Reihenhaus, der wegen der Staudenpakete nicht verwirklicht wurde. Und was hatte ich eingezeichnet? Eine Birke, Schlehensträucher, wilde Glockenblumen, Heidenelken, Mauerpfeffer, weiße Schafgarbe, wilden Thymian und Besenginster.
Gar nicht so dumm, denke ich heute. Und jetzt weiß ich auch, daß sich in meinen vermutlich letzten Garten der Traum vom ersten eingeschlichen hat. Ich habe unbewußt versucht, einen Kreis zu schließen.

Trost in der Midlife-crisis

Die Rechtfertigung des faulen Gärtners: Auch dürre Samenstände haben ihre Schönheit.

Es gibt noch ein paar Dinge mehr, die mir im Hochsommer Kopfzerbrechen machen. Ich weiß nicht, wie ich es ausdrücken soll, aber alljährlich im August bekommt mein Garten seine Midlife-crisis. Und obwohl ich das seit langem weiß und darauf vorbereitet sein müßte, überrascht es mich immer wieder und macht mich quengelig. Die Staudenbeete sind mal wieder ohne Ereignisse. Der Sommerflor wird immer spärlicher, der Herbstflor ist noch nicht in Sicht. Das berühmte »Blühloch« gähnt mich an. Jede Menge abgeblühte Samenstände bestimmen das Bild. Sie hätten schon lange abgeschnitten werden müssen.

Überhaupt bekommt alles plötzlich einen Aufforderungscharakter. Die Hecke zum Nachbarn ist schon wieder ausgewachsen und sieht zum Gotterbarmen aus. Obwohl das eigentlich gar nicht meine Angelegenheit ist und ich meine Pflegearbeiten daran freiwillig verrichte, fühle ich mich dummerweise verantwortlich für diesen häßlichen Zustand. Aber noch ist ein verspätetes Nest der Heckenbraunelle darin, und so erteile ich mir für meine Arbeitsunlust Absolution.

Für anderes finde ich allerdings keine Entschuldigung. Die abgeblühten Kletterrosen am Zaun warten auf meine Schere. Die Schuppentür ist immer noch nicht gestrichen, und das Rasengras ist fröhlich in die Bodendecker eingewandert. Der Schachtelhalm hat sich schon wieder zu großen Taten aufgerappelt und müßte zum drittenmal aus dem Maiglöckchenteppich herausgepolkt werden. Ich ärgere mich darüber.

Überhaupt: Wieso habe ich im Mai mit soviel Elan Unkraut gejätet und jetzt absolut keine Lust mehr dazu? Wie und wann konnte es geschehen, daß sich der Spaß in lästige Pflicht und Arbeit verwandelte?

Eigentlich müßte ich jetzt sofort die Gartenschere oder die kleine Hacke holen und irgendwo beginnen. Stattdessen hole ich mir ein Stück meiner Lieblingsschokolade und setze mich einstweilen damit auf die Bohle in den Schatten. Mein Gewissen ist inzwischen sowieso schon so schlecht, daß es darauf nun auch nicht mehr ankommt.

Während die Schokolade auf meiner Zunge zergeht, halte ich kritische Umschau. Wie war es denn, als es noch blühte? Ab Mai, als die Tulpen aufhörten, gab es mal wieder nicht genug Rotes in den Staudenbeeten. Und wenn mir schon nicht einfällt, welche Stauden im Juli und August schön rot blühen, so hätte ich doch wenigstens daran denken können, mir ein paar Einjahresblumen heranzuziehen oder zu kaufen. Neidvoll sehe ich jetzt auf andere Gärten, in denen sich zu dieser Zeit *Salvia splendens* und leuchtende Petunien in der Sonne aalen. Selber schuld, denke ich – noch ein Stück Schokolade?

Ich hole mir ein Buch von Karl Foerster auf die Gartenbank. Dieser große Lehrmeister wird mir raten können. »Schöne schwere, vergeistigte Rots« will er im Hochsommer sehen. Ich auch, doch der *Phlox* ist bei mir keine Lösung, denn mein Garten gehört wohl zu den von ihm zitierten »allerlei Böden in Deutschland, welche dem *Phlox* nicht zu seiner höchsten Vollkommenheit verhelfen«.

Im Klartext gesprochen: Ich müßte ihn wahrscheinlich ständig umpflanzen, damit er keine

Hoch gepokert mit der Farbe Rot: Ein leidenschaftliches Gartenbild, kein Platz für zaghafte Naturen!

Älchen bekommt. Doch damit würde ich gegen das bequeme Prinzip verstoßen, daß in meinem Garten nur wachsen soll, was dort ideale Lebensbedingungen findet und nicht mühevoll gepäppelt werden muß.
Dann fällt mir etwas Wunderbares ein. Irgendwo hat Karl Foerster geschrieben, daß man Gartenpartien mit Staudenpflanzungen nicht überfordern sollte. Daß sie nach dem Höhepunkt der Blüte auch ihre grüne Ruhephase haben müßten. Endlich ein tröstlicher Aspekt für mich. Es ist also gar nicht so schlimm. Von abgeblühten Samenständen war allerdings bei Foerster nicht die Rede. Doch das kriege ich wohl auch noch hin – die Schokolade ist sowieso gleich aufgegessen. Und wer könnte mich daran hindern, mir im nächsten Sommer einfach ein paar Kübel mit Geranien in die Staudenbeete zu stellen – genau dahin, wo mir Rot fehlt?
Außerdem gibt es ja noch die Ökologen unter den Gartenfreunden, die meine Nachlässigkeit dem Unkraut gegenüber vielleicht sogar als eine Tugend bewerten würden. Zumindest verbal haben sie mich schon entlastet – es gibt keine Unkräuter,

Die Wolken leuchtendgelber Strahlenblüten der Rudbeckien stimmen heiter, doch sie sind ein unübersehbares Zeichen für den bevorstehenden Abschied des Sommers (links).

Ein gut eingeübtes Paar unter den Farben des Gartens sind sattes Rot und klares Weiß. Sie mögen sich, aber sie halten einander auch im Zaum.

sondern nur Wildkräuter. Und das zweite Zauberwort, das sie in die Debatte geworfen haben, nennt sich »Blütenhorizont«. Er sollte ununterbrochen über den ganzen Sommer reichen. Recht

haben sie, denn wovon sollten sich all die Bienen, Schwebfliegen und anderen nektarsuchenden Insekten ernähren, wenn die Staudenblüte pausiert und es nicht all die kleinen blühenden Wildkräuter auf meinen Beeten gäbe?
Das kleine behaarte Schaumkraut, der efeublättrige und thymianblättrige Ehrenpreis, die Vogelmiere, das wilde Stiefmütterchen (sowieso heiß geliebt), das Hirtentäschel, der Gundermann – in der »Midlife-crisis« meines Gartens sollen sie ihre Chance bekommen. Was schert mich mein Elan vom Mai!

Es flüstern und sprechen die Blumen und schaun mich mitleidig an:
Sei unserer Schwester nicht böse, du trauriger, blasser Mann!

Heinrich Heine

»Hans Dampf in allen Gassen« ist die Kapuzinerkresse. Im Topf kann sie durch Blitzeinsatz an allen Stellen aushelfen, wo es an Farbe fehlt (links).

Beneidenswert der Staudenfreund, der im Windschutz gärtnert: Rittersporn, der nicht gestäbt werden muß, ist der allerschönste!

Unglückliche Liebe zu einer Lilie

Ihre Nachbarinnen im Dorf nennen sie dunkel, aber in meinem Herzen ist sie eine Lilie, ja, eine Lilie, trotz ihres schwarzen Haares.

RABINDRANATH TAGORE

Es ist August. Ich ertappe mich wieder bei dem Gedanken, es noch einmal mit Madonnenlilien zu versuchen. Zum wievielten Male? Ich weiß es nicht mehr genau. Doch ich kann versichern, daß ich diese edle Blume mein ganzes Gartenleben lang umworben habe. Leider vergeblich – ich wollte sie unbedingt, doch sie wollte mich nicht. Ein typischer Fall von unerwiderter Liebe.

Seit mindestens 5000 Jahren ist *Lilium candidum* in Kultur. Die ersten Abbildungen entstanden schon 2 500 Jahre vor Christi Geburt in Assuan als steinernes Flachrelief auf einem Königsthron und einem Sarkophag.

Die ältesten Hochkulturen der Menschheit in Mesopotamien, Ägypten und auf Kreta kannten sie. Die Phönizier brachten sie nach Karthago und Griechenland. Rom maßte sich an, ihren Ursprung zu erklären: Aus der Milch der Juno sei sie entstanden.

Der Abt Walahfrid Strabo im Kloster Reichenau dichtete vor über tausend Jahren in lateinischen Hexametern, daß der Lilie »schimmerndes Weiß Widerschein schneeigen Glanzes« sei und der süße Duft ihrer Blüte an die Wälder von Saba erinnere.

Es ist wahr – einer Madonnenlilie sollte man sich nur auf Zehenspitzen nähern. Sie hat so göttliche Wesen wie Juno, Hera, Aphrodite und die Jungfrau Maria begleitet – wie kann ich mich darüber wundern, daß sie sich mir verweigert?

Selbst die Experten, für die Erfolg im Umgang mit Lilien das tägliche Brot ist, weisen immer wieder darauf hin, daß dieses schimmernde Kleinod des Altertums wählerisch und unberechenbar ist. Sollte es tatsächlich in irgendeiner Ecke des Gartens, die seiner Schönheit eigentlich gar nicht angemessen ist, prächtig gedeihen, dann wäre es dummdreist, ihm einen würdigeren Platz einräumen zu wollen.

Bitte nicht berühren – *Lilium candidum* mag das nicht. Jeder Störenfried riskiert ihr Leben.

Als ich noch auf magerem Heidesand gärtnerte, habe ich es mit der Madonnenlilie gar nicht erst versucht. Wir wissen ja angeblich, was sie will: milden, kalkhaltigen Lehm, gute Drainage, einen geschützten Standort mit Sonne für die Blüten und Schatten für den Fuß.

Als ich vor 20 Jahren meinen jetzigen Garten anlegte, dachte ich, ich könnte der Madonnenlilie endlich alles bieten, was sie

braucht. Es erschien mir wie ein Wink des Schicksals, als der Gärtner, der mit der Fräse den Rasen vorbereitete, mit beiden Händen einen Erdklumpen herbeitrug, in dem die gelblichweißen Schuppenzwiebeln der weißen Lilie steckten. Behutsam betteten wir sie an einen vorläufigen Standort um, wo sie schon im nächsten Sommer prächtig blühten.

Ach, hätte ich es doch dabei belassen! Doch ich wollte meine Schöne natürlich in der Nähe des Fensters haben. Ich wollte sie repräsentieren lassen, wollte ihre köstlichen Kelche im Gegenlicht vor dunklem Hintergrund leuchten sehen. Ich wollte ..., und sie wollte nicht. Sie wurde von Jahr zu Jahr kümmerlicher, obwohl ich alles versuchte: mehr Kalk, weniger Kalk, Wechsel der Nachbarpflanzen – nicht zu reden von der ständigen Jagd auf Lilienhähnchen.

Wer wie die Madonnenlilie eine Begleiterin von Göttinnen war, darf es sich leisten, im Umgang mit gewöhnlichen Sterblichen wählerisch zu sein.

Türkenbundlilien zwischen Farnen bringen den Charme schattiger Gebirgsflora in den Garten und sind erstaunlich anpassungsfähig (rechts).

So könnte ein erlesener Rahmen für Lilien aussehen – mit einer bequemen Bank, von der aus die Schönheitsköniginnen in Muße zu bewundern sind.

So ist es mir mehrmals ergangen. Für das Ende der letzten mickrigen Madonnenlilien in meinem Garten sorgten die Mäuse. Jetzt trau' ich mich nicht mehr.

Um so rätselhafter ist es mir, daß der wilde Türkenbund *(Lilium martagon),* den ich vor vielen Jahren aus dem Garten einer alten Dame erhielt, bei mir so gut gedeiht. Er »wandert« mit dem größer werdenden Kronenschatten der Felsenbirne zwischen Waldmeister und Maiglöckchen unbeirrt ins Halblicht, wobei es sich um Sämlinge handeln muß, die neu auftauchen, denn der Türkenbund bildet keine Stolonen (unterirdische Ausläufer).

In den Dolomiten habe ich ihn einmal an einem Naturstandort gesehen – versteckt unter einem Strauch in 1700 Metern Höhe. Nichts von dem, was ihm da behagte, findet er in meinem Garten. Und trotzdem läßt er mich nicht im Stich.

Dasselbe gilt für die Feuerlilie, deren erste lädierte Zwiebel ich von einem fremden Komposthaufen sammelte. *Lilium bulbiferum,* die alte »Goltgilgen« der Kräuterbücher des 16. Jahrhunderts, bildete schon in meinem ersten Garten schnell einen prachtvollen Horst.

An einem frühen Himmelfahrtsmorgen versuchte ein angeheiterter Vatertagsausflügler, sich davon ein paar Stengel zu pflükken. Ebensogut hätte er sich mit Hanfseilen herumquälen können. Er knickte sie wohl, doch sie verwandelten sich unter seinen Händen in ein Gewirr von

unglaublich zähen Fasern, so daß er unverrichteter Dinge abziehen mußte.
Bei den Aufräumungsarbeiten kam mir unwillkürlich das Lied von den drei Lilien in den Sinn: »... die pflanzt ich auf mein Grab, da kam ein stolzer Reiter und brach sie ab.« Naja, wie das ausgesehen haben muß, konnte ich mir jetzt lebhaft vorstellen. Die Feuerlilie, die in meinem Garten verwüstet worden war, hat trotzdem im nächsten Jahr geblüht, als ob nichts geschehen wäre.
Daß jedoch auch die empfindsame Madonnenlilie das Zeug dazu in sich tragen muß, Jahrtausende zu überleben, habe ich auf einer sturmumtosten Nordseeinsel gesehen. Nachdem in einem kleinen Halliggasthof ein unbeschreiblich süßer Blütenduft mich zu einem braunen Krug mit einem Dutzend Stielen der weißen Lilie geführt hatte, wollte ich – von Zweifel und Unglauben geplagt – den Garten sehen, in dem sie angeblich geschnitten worden waren.
Es gab ihn tatsächlich: Winzig, hinter windgeschorene Hecken geduckt, barg er ein wenig Allerweltsgemüse, Petersilie und eine lange Doppelreihe glorreicher weißer Madonnenlilien in voller Blütenpracht.
Nichts deutete darauf hin, daß dieser erlesenen Gartenbewohnerin irgendeine Sonderbehandlung zuteil geworden wäre.
Da bin ich wortlos hinter den Deich gegangen und habe mein Gesicht in den Händen vergraben – das konnte doch nicht wahr sein!

Von der Verarmungs-angst

Eine wirksame Medizin gegen Herbstmelancholie im Garten sind üppig blühende Japan-Anemonen.

Es wird Zeit, daß ich mir die Zettel mit den Namen meiner Gartenfreunde zusammensuche, die im Laufe des Sommers vor meinen Stauden gestanden und gefragt haben, ob sie davon etwas bekommen könnten.
Ja natürlich, habe ich gesagt, im September muß das sowieso geteilt werden.
Und nun ist September, und da habe ich den Salat: Allein drei Nachbarinnen und die Zeitungsfrau wollen meinen rubinroten Herbstliebling, die Glattblattaster 'Winston Churchill'. Wenn ich die im Frühjahr in fünf Teile zerlege, bleibt für mich ein Rest, der kleiner ist als das, womit ich angefangen habe.
Auch vor dem frischfröhlichen Kleingärtner ist mir bange, der sich in diesem Herbst ein paar Ableger alter Rosen holen will. Im vergangenen Jahr kam er wegen meiner erstmalig blühenden Japan-Anemonen, nahm mir den Spaten aus der Hand (»Lassen Sie nur, das brauchen Sie nicht zu machen!«) und hatte in ein

Herbstastern lassen sich gut an Nachbarn und Freunde verschenken. Sie sind schnellwüchsig, reichblühend und leicht zu teilen.

paar Sekunden meine schönste Pflanze ausgestochen. Sprachlos sah ich zu, wie er sie am Blattschopf zu seinem Fahrradanhänger trug.

Hätte ich »Halt!« schreien sollen? Ich bin doch nicht etwa geizig?

Man kann es ja auch anders machen. Wenn ich zum Beispiel daran denke, wie viele schön gesprenkelte Blattpolster im Lauf der Zeit aus den zwei mickrigen Triebspitzen des gefleckten Lungenkrauts entstanden sind, die

ich mir damals irgendwo gemopst habe. Wen hat das schon gekränkt?
Wir geben alle gern von unserem Überfluß, nicht wahr? Der Geiz,

für den Sigmund Freud das verständnisvolle Wort »Verarmungsangst« erfunden hat, ist eine Charaktereigenschaft, die kein Gärtner gerne an sich sieht.
Und am anderen erst recht nicht, denn ein Wurzelstück der Prachtscharte, das in einer Streichholzschachtel überreicht wird, ist wahrlich keine noble Geste. Es ist bei mir dann auch prompt eingegangen, obwohl Prachtscharten wirklich nicht heikel sind.
Gespräche im Garten, die auf einen Ableger hinauslaufen sollen, beginnen in der Regel mit bewundernden Ausrufen über die Schönheit und Größe einer bestimmten Pflanze. Und mit der beiläufigen Bemerkung, daß man sowas leider nicht hat. Kann der stolze Besitzer dann noch anders, als ein liebenswürdiges Angebot zu machen?
Ein einziges Mal habe ich es riskiert, so einen Wink mit dem Zaunpfahl zu übersehen. Es handelte sich um eine Narzissensorte, von der ich selber noch nicht genug zu haben glaubte. Das Ergebnis: Soweit der Arm im Vorgarten reichen konnte, waren die begehrten Blüten heimlich abgepflückt. Wenn schon keine Zwiebeln für den dauerhaften Besitz, dann wenigstens einen Strauß für ein paar Tage, mochte sich die junge Frau gedacht haben.
Um nun nicht Jahr für Jahr auf gerupfte Narzissenhorste schauen zu müssen, habe ich die Flucht nach vorn angetreten. Ich ignorierte meine Verarmungsangst und trug einen Beutel blühfähi-

Aus einer Triebspitze – im Frühjahr gemopst und sofort ins Freiland gesteckt – entwickelt das Gefleckte Lungenkraut schnell dekorative Blattpolster.

ger Zwiebeln an die bekannte Haustür. Die erste Verlegenheit war kurz, die darauffolgende Freude groß. Nun bin ich gespannt, was im kommenden April in meinem Vorgarten passiert ...

Und dann gibt es auch noch liebe Leute, die sich für September ankündigen, weil sie vom Überfluß dringend große Mengen brauchen und die Anmeldung gleich mit der Bitte verbinden, bei der Anlage ihres Gartens und Pflanzung der gestifteten Schätze zu helfen. Schließlich wissen sie noch so gut wie gar nicht Bescheid, und da, wo das alles hin soll, stehen schon ein paar sorgsam gehütete »Stauden«, die sich als Melde und Giersch entpuppen.

Also greift man zum fremden und deshalb ungewohnten Spaten, sorgt erst einmal für eine unkrautfreie Pflanzfläche und fängt an, die eigene Stiftung in Freundesland einzubringen. Pro forma fragt man vorsichtig nach, ob es einen Pflanzplan gibt. Pflanzplan? So etwas haben sie nicht. Sie hatten sich nur gedacht, daß sie da vielleicht etwas Rasen und hier die Blumen haben könnten. Aber die Sandkiste für die Kinder und später vielleicht eine Rutsche, die müßten ja auch noch irgendeinen Platz finden.

Aha, jetzt wird die Sache kompliziert. Mit beiden Händen auf dem Spatengriff steht man da wie ein Arbeiterdenkmal und hält Umschau. Eine neue Idee taucht auf: Und wenn ihr draußen sitzen und grillen wollt – wo soll das stattfinden? Gute Frage,

darüber haben sie noch gar nicht nachgedacht.
Man verkneift sich jeden Kommentar und denkt zunächst einmal selber nach. Schließlich gibt es nur eine Lösung: Erst einmal sehen, daß alles in die Erde kommt. Dann einen festen Termin verabreden, wann bei einem gemütlichen Bierchen ein Gartenplan gemacht werden soll.
Im Frühjahr darf man dann noch einmal kommen und alles in die Reihe bringen. Das hat man davon, wenn man so tut, als wisse man Bescheid!
Aber das ist mir allemal lieber als diejenigen Freunde, die ihre »Bestellung« bei mir total vergessen oder aus Zeitmangel vom Herbst auf das Frühjahr und dann wieder auf den Herbst verschieben. Gibt es eigentlich ein ungeschriebenes Gesetz, das festlegt, wie lange man um der guten Freundschaft willen mit dem provisorisch eingeschlagenen Grünzeug herumhüten muß?

Pflanz- und Transportkörbe, die gerade nicht gebraucht werden, geben eine originelle Dekoration an der Schuppentür ab (links).

Das Lampenputzergras mit seinen Bernsteinfarben ist ein perfekter Rahmen für die rosa Astilbe.

Sorge um den Admiral

Was wissen wir denn von den Schmetterlingen und Raupen unserer Gärten? Nicht viel mehr als sie von uns!

Karl Foerster

Die Frage nach dem ungeschriebenen Gesetz drängt sich mir auch auf, wenn ich abends beim Zähneputzen mein Tagpfauenauge sehe. Jedes Jahr im September sitzt es nämlich nachts über dem Spiegel in meinem Badezimmer. Mit zusammengelegten Flügeln träumt es wahrscheinlich von meinen blühenden Herbstastern. Am nächsten Morgen wird es am Fenster auf- und abflattern und wieder in den Garten wollen. Abends kehrt es zu seinem Stammplatz über dem Badezimmerspiegel zurück. Und ich zerbreche mir Tag für Tag den Kopf, wie es denn nun wieder hereingefunden hat und was wohl an meinem Badezimmer für ein Tagpfauenauge so schön sein mag, daß es immer wiederkommt? Vielleicht die rosarote Tapete im Millefleurs-Muster? Jedenfalls befördere ich den Falter Morgen für Morgen vorsichtig an die frische Luft, bis er schließlich ausbleibt. Anfangs wußte ich nicht, ob er wohl draußen einen Unterschlupf für den Winter finden würde. Später entdeckte ich ihn dann häufig an einem Deckenbalken in meinem Gartenschuppen – wenn er denn wirklich mein Tagpfauenauge war. Aber warum sollte er es nicht sein? Ich habe in meinem Garten immer nur eines. Daß es jedes Jahr ein anderes sein muß, weiß ich, denn nur die Weibchen überleben den Winter – und das auch nur einmal. Um so erstaunlicher ist es doch, daß ich immer wieder über meinem Badezimmerspiegel ein Tagpfauenauge finde.

Ich lebe in einer Region, die wegen ihres rauhen Nordseeklimas kein Paradies für Schmetterlinge ist. Deshalb wird das alljährliche Auftauchen eines Tagpfauenauges im Frühjahr und dann im Spätsommer von mir gebührend gefeiert. Wenn ich einen Experten fände, der mir bestätigen könnte, daß Tagpfauenaugen in geheizten Badezimmern unbeschadet über den Winter kommen, würde ich meinen farbenprächtigen Schlafgast gerne bis zum Frühjahr bei mir behalten.

Die Raupen des Tagpfauenauges leben auf Brennesseln und Hopfen. Letzteres kann ich leider nicht bieten, aber die Große Brennessel belagert mein Grundstück von allen Seiten, so daß ich wahrscheinlich Dutzende von Tagpfauenaugen halten könnte, wenn nur das »Flugwetter« besser wäre.

Der zweite Schmetterling, den ich jedes Jahr im Spätsommer ungeduldig erwarte, ist der herrlich gezeichnete Admiral. Vor etwa 20 Jahren umflatterte mich

einmal bei der Ernte vollreifer Pflaumen ein ganzer Schwarm dieses flugtüchtigen, schwarz-weiß-roten Wanderfalters. Auch seine Raupen leben an Brennesseln, er selber labt sich bei mir fast ausschließlich an den lila-

Das Tagpfauenauge läßt sich nur schwer davon überzeugen, daß ein Badezimmer nicht der richtige Überwinterungsplatz ist.

roten Blüten einer hohen Rauhblattaster. Ist es ein Zeichen für die geschädigte Natur, daß der Admiral heute nur noch in wenigen Exemplaren bei mir auftaucht? Im letzten Jahr war es nur noch einer! Ich fange an, mir Sorgen zu machen (und sollten andere das noch so lächerlich finden!).

Der Kleine Fuchs hingegen, dieses rostrote Juwel mit den schwarzen Samtflecken und der himmelblauen Tupfenkante, scheint noch nicht bedroht zu sein. Im Oktober schwärmt er manchmal in Massen um meine Staudenastern. Da, wo die letzten wärmenden Sonnenstrahlen auf die Blüten treffen und der kühle Herbstwind nicht hin-

Früher kam er im großen Schwarm, jetzt läßt er sich nur noch in Einzelexemplaren bewundern: der prächtige Admiral mit seinem Faible für reife Pflaumen.

kommt, herrscht emsige Rangelei zwischen Faltern, Schwebfliegen und Bienen. Schließlich ist ja Sommerschlußverkauf von Pollen und Nektar.

Der Kohlweißling ist natürlich mein treuester Gartengast. Er ist der erste im Frühling, nachdem der Zitronenfalter eine Rarität geworden ist. Im Mai nascht er den Nektar der Mondviolen, und dann sorgt er dafür, daß im August mein Felsensteinrich *(Alyssum saxatile)* von fetten, gut getarnten grasgrünen Raupen restlos kahlgefressen wird. Ich muß schon ein wachsames Auge darauf haben, daß sich das nicht ständig wiederholt.

Mein feuchter, stellenweise stark beschatteter Garten ist leider kein Lebensraum für die von mir besonders geliebten kleinen Bläulinge, deren es so viele verschiedene gibt und die ich aus meiner Kindheit von warmen, trockenen und blütenreichen Wegrändern und Feldrainen kenne. Sie sind es vor allem, die sich fast unbemerkt von uns verabschiedet haben, weil die Trockenbiotope in der Landschaft weitestgehend verschwunden sind.

Der heiße, sandige Weg, den ich als Kind mit staubbedeckten Reformsandalen (respektlos Jesuslatschen genannt) entlanggewandert bin, hat sich erschreckend verändert. Obwohl er immer noch weit draußen in unbebauter Landschaft und zwischen Äckern liegt, ist er inzwischen eine betonierte Rollbahn geworden für bäuerliche Zugmaschinen und Limousinen von Großstädtern, die irgendwo im Grünen eine Feriensiedlung mit Bungalows ansteuern.

Thymian, Heidekraut, Dornige Hauhechel, Steinnelke, Sandglöckchen und Bunte Kronwicke, die einst den Wegrand säumten, sind verschwunden. Statt der kümmerlichen Roggenfelder mit allerlei Wildwuchs erstrecken sich heute künstlich bewässerte Maisfelder bis an den Horizont und den asphaltierten Wegrand. Nichts ist mehr da von dem würzig duftenden Paradies, in dem wir Kinder früher Wolken von kleinen Schmetterlingen aufstörten, wenn wir Grasnelken pflückten, um uns mit ihren kugeligen Blüten zu »beschießen«.

Um so erstaunter war ich, als nach zwei Dürresommern, in denen mein sonst eher feuchtfrischer Garten ziemlich vertrocknet war, ein einziger kleiner Falter auftauchte, der wochenlang mit himmelblauen Flügelchen mein Schleierkraut umkreiste. Ein Faulbaumbläuling, dessen Raupen Brombeersträucher lieben. Und gerade die werden jetzt an meiner Grundstücksgrenze groß.

Außerdem hatte mein wegen der extremen Trockenheit wochenlang nicht gemähter Rasen ein paar der längst verschollen geglaubten Flatterknirpse angelockt, die ich noch nie in meinem Garten gesehen hatte. Der Kleine Feuerfalter und der Kleine Heufalter interessierten sich nicht etwa für meine blühenden Staudenbeete, sondern sie flatterten auf und sanken wieder nieder im halbverdorrten Rasengras, wo sie die winzigen Blüten der Mastkräuter und des Thymianblättrigen Ehrenpreises entdeckt hatten.

Und dann gibt es noch einen fremden Neuankömmling, der mich seit Jahren im Frühsommer in Atem hält: Am Fensterrahmen sonnt sich hin und wieder eine dunkle Schönheit – schokoladebraun mit einem geheimnisvollen orangeroten Schimmer darin. Ist es vielleicht das Braungeränderte Ochsenauge, das lichten Wald mit dichtem Unterholz und einem Filz aus Brombeerranken liebt?

Warum mich diese drei oder vier Schmetterlinge so aufregen, ist einfach gesagt: Sind sie nicht ein Symbol dafür, daß noch nicht alles verloren ist? Daß wir noch etwas retten können? Wir müssen nur wollen! An den Schmetterlingen – das weiß ich jetzt – wird es nicht scheitern.

Windgeschützt, sonnig und blütenreich muß ein Garten sein, der im Spätsommer Schmetterlinge anziehen soll.

Spiel mit Herbstfarben

Kataloge und Fachbücher behaupten gern, daß wir bis tief in den Herbst hinein ein Blütenmeer im Garten haben könnten. Zum Beispiel mit Herbstastern, späten Chrysanthemen und dauerblühenden Rosen.
In klimatisch günstigen Landstrichen ist das sicher kein leeres Versprechen. Doch was ist mit dem Garten, über den bereits im Oktober mit Windstärke 9 oder 10 die ersten Herbststürme hinwegbrausen oder der sich als ein Frostloch erweist, das bereits im Reif liegt, wenn anderswo noch die Liegestühle in der Sonne stehen?
Es hat ein paar Jahre gedauert, bis ich eingesehen habe, daß mein Garten zur Kategorie der letzteren gehört. Meine Herbstastern lagen regelmäßig flach und hatten auch hochgebunden immer eine schiefe Windschur und abgeknickte Blütendolden. Meine edlen Chrysanthemen wurden jedes Jahr vom Frost angenagt, und meine letzten Rosen waren nie mehr das, was sie eigentlich hätten sein sollen. Trübselig, verregnet, deprimiert – so warteten sie auf das Ende. Hinzu kam, daß ich nie das Herz hatte, die ganze Enttäuschung

So leuchtend kann ein Oktober-Garten aussehen! Es lohnt sich, schon bei der Pflanzung von Gehölzen an ihre Herbstfärbung zu denken.

Nicht zu früh im Garten aufräumen! Viele Stauden und Gräser sterben in Schönheit und erfreuen ganz zum Schluß noch einmal mit malerischen Vegetationsbildern.

abzuräumen, solange noch ein wenig Hoffnung auf ein paar milde, sonnige Herbsttage bestand. Und diese Hoffnung hegte ich meist bis Ende Oktober.
So hockte ich jedes Jahr bei novemberlichem Nieselregen oder Schlackerschnee in meinen Staudenbeeten und kämpfte mit den hüfthohen Stengelmassen, die auf den Kompost sollten.
Einsichten können das Ergebnis schmerzhafter Prozesse sein.
In diesem Fall war es mein verärgerter Ischiasnerv, der mir schließlich klarmachte, daß ich einem Traum nachlief und an der Realität vorbeiwirtschaftete.
Während ich also ein ABC-Pflaster auflegte und krumm wie der Alte Fritz ans Fenster zum

Garten humpelte, fiel mir zum erstenmal auf, wie herrlich buttergelb die riesigen Blätter der Blaublattfunkien geworden waren. Hinter ihnen reckten sich in mattem Zimtbraun die trockenen Rispen der Astilben empor.

Es ist, als wolle der Herbstkrokus die Jahreszeit verspotten. Seine frühlingshafte Erscheinung im Blätterregen ist der schönste Anachronismus des Gartenjahres.

Neben den letzten Blüten der Strauchrose 'Blossomtime' wiegte sich das sturmfeste Pfeifengras wie eine Fontäne aus hellen und dunklen Bernsteintönen unbekümmert im kalten Wind. Ja, waren denn das *keine* Farben? In diesem Augenblick wurde ein neues Gartenkonzept für den Herbst geboren: Raus mit allem, was mir im Oktober keine ungetrübte Blütenfreude mehr macht, und rein mit mehr Sträuchern und Stauden, die eine schöne Herbstfärbung haben! Das hatte ungeahnte Folgen: Bisher wenig beachtete Gewächse erhielten einen neuen Stellenwert. Verschiedene herbstfärbende Storchschnabelarten rückten in der Rangliste nach oben, desgleichen Graulaubiges wie Felsensteinrich und Wollziest sowie standhaftes Grün von Akeleien, Walderdbeeren und Lungenkraut. Die bis zum Schluß aufrechten ockergelben Horste der Taglilien wurden an gut sichtbarer Stelle in die neue Kombination eingefügt, und sogar die verspäteten, giftgrünen Sämlinge des Mutterkrauts, die sich wie eine Erinnerung an junges Maigrün frech in die altmeisterliche Palette mogelten, durften mitmischen.

Die etwas kümmerlichen *Rhododendron mollis* im Staudenbeet, die ich eigentlich schon hatte verabschieden wollen, sah ich nun mit anderen Augen – das leuchtende Zinnoberrot ihres Herbstlaubs schien mir plötzlich für mein neues Konzept unentbehrlich.

Im Gegensatz dazu waren die Tage der mit dem Garten übernommenen, struppigen Magnolie

Herbstfarben, ganz modern kombiniert: das Orangerot der Felsenbirne neben dem rosafarbenen Pampasgras ist ein gelungenes Wagnis.

gezählt. Im Frühjahr nur etwa 30 Blüten, die regelmäßig über Nacht zu braunem Matsch erfroren, und dann nur noch ein freudloses Laub, das im Herbst wie schwarzgrünes Leder zur Erde fiel – das war mir einfach nicht mehr genug.

Aber was für einen Baum sollte ich pflanzen? Das bedurfte gründlicher Überlegung. Er sollte schließlich den Platz mögen, den ich ihm zugedacht hatte, so daß er hier auch alt werden würde. Er sollte in die Umgebung passen, mit den Lichtverhältnissen zufrieden sein, er sollte schnell wachsen, damit ich ihn noch in voller Größe erlebe, aber auch wieder nicht zu mächtig werden und alles unter sich begraben. Er sollte, wie man sieht, mindestens ein halbes Dutzend Ansprüche erfüllen und dann – als Solitär

Feuer in offenen
Kaminen.
Die Häuser brennen
schon mit.
Als Rauch fliegt mir
der Sommer davon.

MARGOT SCHARPENBERG

Buntes Herbstlaub ist eine warme Decke für Schattenstauden und überzieht große Flächen mit den Farben alten Brokats.

gezogen – auch noch möglichst wenig kosten.
Jawohl, das alles sollte er. Und so einen Baum habe ich natürlich nicht gefunden. Deshalb entschloß ich mich zu dem Gewöhnlichsten, das man sich vorstellen kann und das auch im Frostloch nicht versagt: zu einer Felsenbirne.
Sie beschirmt inzwischen breitausladend Martagonlilien, Astilben und Japananemonen, blüht im April überschäumend rosigsilbrig-weiß und zündet im Herbst ein Feuerwerk von Orangegelb bis Scharlachrot an. Um diesen prachtvollen Anblick genießen zu können, haben die Nachbarn ihre Hecke auf halbe Höhe heruntergeschnitten. Für die Magnolie hätten sie es nie und nimmer getan.
Jetzt hat mein Garten im Oktober fast noch mehr Farbe als im Mai. Und das nicht nur an windstillen Sonnentagen, die durchzogen sind von den Silberfäden des Altweibersommers, sondern ganz besonders, wenn es trübe und regnerisch ist. Gerade dann leuchtet er wie kostbarer alter Brokat und füllt mein Herz mit Freude.

Moos - das ungeliebte Grün

*Gänseblümchen,
die ihr aus ärm-
lichem Hause
stammt,
Ihr schmückt den
Rasen
wie Perlen den
Samt.*

John Clare

Die einzige beständige Farbe im Herbstfeuerwerk des Gartens ist das Grün des Rasens. Im Oktober ist es endlich wieder so satt und saftig wie im Frühling. Aber die ersten kalten Nächte kommen. Das Gras hat keine Lust mehr zu wachsen. Weil Regen und Tau nicht mehr wegtrocknen, wird jeder Einsatz des Rasenmähers zur Naßübung, und ohne Gummistiefel läuft nichts mehr.

Dies ist die Stunde der Wahrheit für die meisten Gärtner, die einen Rasen pflegen: Ihr Erzfeind taucht wieder auf. Den ganzen Sommer über hat er sich einigermaßen bedeckt gehalten, doch jetzt bleibt nur die bittere Erkenntnis: Es ist schon wieder mehr Moos im Rasen, als der Anstand es erlaubt.

Ich will nicht behaupten, daß es eine Prestigefrage unter Rasenbesitzern ist, ob Moos sich zwischen den Gräsern breitmacht oder nicht. Der Ehrgeiz, ein »bowling-green« vorweisen zu können, soll in England weiter verbreitet sein als bei uns. Aber auch wir scheuen meist keine Mühe und Kosten, unseren Rasen moosfrei zu halten. Da wird gekalkt, gedüngt, vertikutiert und gelüftet, daß der Schweiß in Strömen fließt. Und dennoch – gehaßt, verfolgt, mit Füßen getreten – erhebt sich der Feind alljährlich aufs neue. Einmal Moos – immer Moos, ist das der Weisheit letzter Schluß?

Als meine Rasenflächen neuangelegt waren, sahen sie natürlich makellos aus. Nur ein paar Löwenzahnkolonien waren zu bemängeln. Die Fräse hatte vorhandene Pflanzen zerkleinert, und aus all den Teilstückchen sprossen sonnengelbe Blüten. In mühsamer Handarbeit stach ich sie aus.

Allerdings schielte ich schon damals neiderfüllt auf Nachbars alten Rasen, der regelmäßig gemäht wurde und trotzdem voller reizender Gänseblümchen war. Ich durfte mir schließlich davon welche holen und in meinen Rasen pflanzen. Eine Transaktion, die vom Spender dieses »Unkrauts« mit amüsiertem Kopfschütteln begleitet wurde.

Doch es ist merkwürdig mit Gärten und Rasenflächen: Nur eine schmale Hecke mag sie trennen, und trotzdem bleiben sie verschiedene Welten. Während nebenan die Gänseblümchen übermütig wucherten, blieben sie bei mir in den Kinderschuhen stecken. Zwanzig Jahre ist es her, und immer noch kann ich meine Gänseblümchen an den Fingern beider Hände abzählen.

Die unterschiedliche Entwicklung der benachbarten Rasenstücke setzte sich fort, indem meine Grünflächen langsam, aber stetig vom Kriechenden Hahnenfuß unterwandert wurden, während jenseits der Hecke die Kleine Braunelle zügig an Boden gewann. Beide so niedrig, daß der Mäher ihnen kaum etwas antun konnte. Das Wechselspiel von Gelb und Blau hüben und drüben machte mir viel Spaß. Aber dann traf den Nachbarn und mich endlich ein gemeinsamer Schicksalsschlag: Das Moos trat auf den Plan. Jahrelang haben wir uns abgerackert, es zu besiegen – alles vergebens. Ich war die erste, die aufgab. Wohin mit der Wagenladung Moos, die der Vertikutierer an die Oberfläche brachte? Und wozu die Mühe, wenn der Rasen im nächsten Jahr wieder so aussah, als habe man nichts getan? Auch mein Nachbar warf

Ist Moos im Rasen ein Sakrileg? Wer am schattigen Waldrand gärtnert, sollte sich ruhig mit ihm befreunden.

Sonnenkringel und Schattenflecken wandern über den kühlen Teppich. Mit wenigen, vom Moos tolerierten Pflanzen wie Schattenblümchen, Kriechendem Hahnenfuß und Gundermann ein reizvolles Gartenbild, das man nicht selber schaffen kann, sondern sich von der Natur schenken lassen muß.

schließlich das Handtuch, als er merkte, daß sein Einsatz nur die Gänseblümchen ruinierte.
So sahen wir resigniert mit an, wie in den tiefen Schattenlagen, die der immer höher wachsende Windschutzstreifen aus Erlen und Ahorn unseren Gärten bescherte, das Moos zu sattgrünen Teppichen wurde.
Das machte mir ein so schlechtes Gewissen, daß ich lieber wegsah, wenn ich in irgendeinem Garten einen Vertikutierer in Aktion entdeckte. Und Artikel in Gartenzeitschriften, die sich mit der Moosbekämpfung im Rasen befaßten, überschlug ich geflissentlich.
Was hatte es denn für einen Sinn, darüber zu philosophieren, ob ich mir eine Stachelwalze zum Aerifizieren anschaffen sollte, wenn ich doch wußte, daß unter meinem Rasen eine mindestens zwei Meter dicke Lehmschicht liegt? Und wohin mit der Staunässe, wenn ein (viel zu später!) Blick auf die Flurkarte auswies, daß mein schattigstes Gartenstück noch nicht einmal einen Meter über Normalnull liegt und deshalb in nassen Wintern unter jedem Tritt wie ein Pudding wankt?
Sicher war es ein Fehler, dort Rasen anzulegen. Doch Fehler im Garten macht man schnell, und der Garten selber korrigiert sie dann langsam, aber nachdrücklich. In solchen Fällen bleibt einem nichts weiter übrig, als erbittert verteidigte Positionen aufzugeben. Manchmal geht das sogar ganz zwanglos und auf angenehme Weise vor sich. So denke ich gerne an den unerträglich heißen Sonntagnach-

mittag, an dem meine großen und kleinen Geburtstagsgäste, kaum daß sie den Garten betreten hatten, aufatmend ihre Turnschuhe und Sandaletten verstreuten und barfuß die weichen, kühlen Moospolster genossen. Ich stand wie angewurzelt. War Moos im Rasen am Ende doch zu etwas gut?
Oder ich erinnere mich dankbar des fremden Herrn aus Westdeutschland, der mit Fotos von alten Rosen in meinem Garten auftauchte und ganz ergriffen den sanften Moospelz betrat. »Wunderbar«, sagte er, »haben Sie das hier so gepflanzt?«
Auch eine Freundin, die einen naturnahen Garten pflegt, hat sich schon Gedanken gemacht, ob sie trotz ihres trockenen Sandbodens nicht wenigstens am verwunschen wirkenden Teich ein bißchen Moos aus meinem Garten ansiedeln könnte. Kann man Moos verpflanzen? Oder gibt es das nur als Geschenk der Natur?
In meiner Gartenmappe liegt seit Jahren ein Kalenderblatt, auf das eine kleine Maus gezeichnet ist, die ziemlich verdrossen an einem Schuhsenkel nagt. Darunter steht der weise Satz: »Wenn wir nicht haben, was wir mögen, dann müssen wir mögen, was wir haben.« Ja, so ist es – auch mit dem Rasen und dem Moos.

Gartenfrüchte können als herbstliches Stilleben eine Weile das Auge erfreuen, bevor sie in den Kochtopf wandern.

Besuch aus der Wildnis

Wie leer ist ein Garten im November! Da fliegt nichts mehr – die Vögel sind abgereist oder lustlos. Da hoppelt nichts mehr – die Kaninchen hassen kahle Beete. Und da stolziert nichts mehr am Zaun entlang – das Reh ist nicht mehr am Leben.
Gerade habe ich das Buch einer mutigen Frau gelesen, die ihre Farm in Afrika in ein inzwischen weltbekanntes privates Schutzgebiet für wildlebende Tiere umgewandelt hat. Mitten im Busch von Kenia legte sie 1976 bei ihrem Haus einen großen Garten an.
Ihre Tagebuchnotizen dazu lesen sich für mich wie ein Alptraum. 24. August: Ein Elefant hat den Zaun durchbrochen, drei junge Pfefferbäume ausgerissen und gefressen, den neuen Steingarten verwüstet, die Yuccas verzehrt und eine Akazie zerstört. 28. August: Die ganze Nacht trompeten Elefanten im Garten, und keiner kann ein Auge zutun. 2. September: Die neuen Hibisken sind gefressen. 15. November: Elefanten trinken aus dem frisch angelegten Swimmingpool, zerstören acht Akazien und reißen zwei Pfefferbäume aus. 9. Januar: Wieder alle Hibisken und Sukkulenten gefressen, die Palmen und

Es kommt ein Wind
von Osten,
der weht dich aus
der Zeit.
Die Gartentore
rosten
vor deiner Ewigkeit.

GEORG VON DER VRING

Ein Gartenzaun soll leckeres Gemüse und saftige Früchte vor unbefugtem Zugriff schützen. Kaninchen und Rehe sehen in ihm wohl eher ein Versprechen auf besondere Delikatessen.

Novemberstille ist eingekehrt. Auf den Stufen zum Sitzplatz spielt nur noch der Wind mit braunen Blättern.

eine Akazie mit der unter ihr wachsenden *Sansevieria* zerstört. Nach dieser Lektüre überfiel mich eine schreckliche Vision: Ein Elefant in meinem Garten, ein einziger nur ... Solchen Maßstäben wäre ich nicht gewachsen. Schließlich erinnere ich mich noch genau, wieviel Frust mir schon ein einziges Reh bereitet hat, das ein paar Jahre lang meinen Garten als Delikatessenladen benutzte. Von den Wildkaninchen ganz zu schweigen, die selbst 125 Meter feinmaschiger Kükendraht nicht aussperren kann. Niedlich sind sie ja, die kleinen Flitzer, ganz besonders, wenn sie noch so winzig sind, daß sie auf einem Handteller Platz hätten. Da mümmeln sie mitten auf dem Rasen genüßlich vom Weißklee, hopsen vor Lebenslust mit allen Vieren in die Luft und verschwinden blitzartig unter einer großen Blattstaude, wenn man sie aus dem Garten jagen will. Dort lassen sie sich durch noch so gründliche Nachsuche nicht aufstöbern. Wie oft habe ich schon gedacht, ich hätte einen von ihnen versehentlich totgetreten.
Mitnichten – kaum hat man der Szene den Rücken gekehrt, sind sie wieder da, machen ein put-

Gartengast mit sportlicher Kondition: Im Morgennebel springt die Ricke über den Zaun und macht sich auf den Weg zum Apfelabfall auf dem Komposthaufen

ziges »Männchen« vor den wilden blauen Stiefmütterchen, um an die Blüten zu kommen, die sie fein säuberlich vom Stengel abbeißen. Alles andere an der Pflanze interessiert sie nicht. In einem Sommer haben sie es fertiggebracht, fast den ganzen weitverstreuten Bestand meiner blauen Lieblinge zu köpfen, so daß ich im nächsten Jahr nicht mehr als ein halbes Dutzend Sämlinge vorfand, wo früher Hunderte waren. Wirklich schwierig wurde es, als eine Kaninchendame sich in den Kopf gesetzt hatte, im Staudenbeet einen Bau zu graben. Unverzagt ignorierte sie meine täglichen Bemühungen, den in der Nacht von ihr ausgebuddelten Sand wieder in die Röhre zu schaufeln. Auch große Steine, die ich ihr immer wieder in den Weg legte, räumte sie beiseite oder untergrub sie.
Als sich schließlich ein hoher Sandberg über meine *Iris* türmte und ich meinen ganzen Arm in die Röhre stecken konnte, ohne das Ende zu erfühlen, griff ich zu einer drakonischen Maßnahme. Ein altes Fischernetz, mit dem der Vorbesitzer des Grundstücks seine Kirschbäume vor den Staren geschützt haben mochte, wurde über das ganze Beet gebreitet und mit Steinen festgelegt. Kratzspuren bewiesen noch tagelang, daß die Häsin verzweifelt versucht hatte, die geplante Kinderstube zu vollenden.
Schließlich hatte sie sich »weggewöhnt« und versuchte fürderhin in jedem Frühling ihr Glück an der Garage des Nachbarn.
Als ich nach Jahren auf dem »Kaninchenbeet« Stauden teilen wollte, brach ich in ein tiefes Loch. Kein Wunder, daß meine *Iris sibirica* an dieser Stelle immer gekümmert hatte.
Daß ich kaum jemals etwas von meiner Petersilie an der Küchen-

tür ernten konnte und auch die frisch aufgegangenen Mohrrüben und Radieschen auf die Verlustliste setzen mußte, ließ sich ja noch mit Kaninchenfraß erklären. Rätselhaft wurde es jedoch, als auch sämtliche Rosenknospen von hochgewachsenen Sträuchern verschwanden und die Rinde vom jungen Flieder abgeschält war. Ein Reh in meinem Garten, der rundum mannshoch eingezäunt ist? Systematische Fährtensuche blieb vergeblich. Nirgendwo fand sich ein Schalenabdruck. Ob das Tier, genau wie ich, nur die Plattenwege und Trittsteine benutzte?
Dann rief mich eines Morgens in höchster Aufregung meine Nachbarin an: »Gehen Sie schnell nach oben, und gucken Sie in meinen Garten – zum Komposthaufen! Schnell!« Ich tat's und traute meinen Augen kaum: Da stand im dampfenden Novembernebel eine ausgewachsene Ricke und tat sich an Nachbars Apfelabfällen gütlich. Als ich das Fenster öffnete, zwängte sie sich durch die Hecke in meinen Garten herüber und sprang aus dem Stand über den 1,80 Meter hohen Drahtzaun und den dahinterliegenden Graben ins Erlenwäldchen.
Gegen eine solch sportliche Kondition war nun allerdings kein Kraut gewachsen. Mit

Vom Frost kandierte Äpfel – die Amseln haben schon ein Auge darauf geworfen (ganz rechts).

Klarer Fall: Die Saison für frische Petersilie ist endgültig vorbei!

diesem Gartengast mußte ich leben – einige Jahre lang. Die Ricke wechselte, wann immer ihr nach einem besonderen Leckerbissen zumute war, aus dem Waldrevier des Nachbardorfes über Kuhweiden, eine Umgehungsstraße, durch den Park und das Erlenwäldchen an den Rand unseres Städtchens, wo – wie sie offenbar genau wußte – kein Jäger mehr auf die Pirsch gehen durfte.
Wenn die Bäume im Winter kahl waren, habe ich sie vom Fenster aus manchmal beobachten können. Gelassen stolzierte sie schon am Vormittag an meiner Gartengrenze entlang. Spaziergänger im Park – nur einen kleinen Steinwurf entfernt – brachten sie nicht aus der Fassung. Regungslos verharrte sie hinter den Erlenstämmen, bis der Feind vorübergegangen war.
Eine Besucherin aus der Großstadt schlug mir vor, das Tier mit Rüben und Kastanien zu füttern: »Ein Reh im Garten – das ist doch süß!« Aber welches Reh rührt eine Rübe an, wenn es köstlichere Dinge haben kann? Jeder, der Rehe im Garten hat, wird wissen, wie schwer es einem manchmal fällt, das »süß« zu finden!
Eines Tages hörte ich, daß auf der Umgehungsstraße ein Reh überfahren worden sei. Seitdem ist die Ricke nicht mehr bei mir gewesen. Trotz allen Ärgers, den sie mir gemacht hatte, tat es mir doch ein bißchen weh. So ein Ende hatte ich ihr nicht gewünscht. Schließlich war sie nicht so schlimm wie ein Elefant im Garten.

Dezember 116

Die Sträuße der alten Meister

Wenn im Garten die letzten Herbstfarben erlöschen, greife ich alljährlich mit Vergnügen in den von der Großmutter geerbten, kunstvoll geflochtenen Nähkorb, in dem ich die Feriengrüße meiner Freunde aufbewahre.
Wie reich war das Jahr doch wieder an Zuwendung und Freundlichkeit! Alle sind sie in Urlaub gefahren und haben an mich gedacht. Und da uns das gemeinsame Interesse an Gärten, Pflanzen, Blumen und lebendiger Natur verbindet, gibt es auf den Postkarten nicht die üblichen Fotomontagen von Ansichten mit dem Titel Gruß aus Sowieso, sondern ich halte am Ende der Urlaubssaison immer eine durch Zufall entstandene, erlesene kleine Auswahl von Kunstdrucken in der Hand, die schon fast eine Sammlung ergeben.
Je grauer der Dezembertag, desto wärmer leuchten die Farben der alten und modernen Meister, deren Gemälde ich manchmal schon in Museen bewundert habe oder jetzt im Taschenformat kennenlerne. Da sind die herrlichen Lilien und Bauerngartenblumen von Emil Nolde, der die brave Aquarellmalerei in ein glühendes Farbabenteuer verwandelte. Da sind die um 1920 liebevoll auf Porzellan gepinselten Moosrosenblüten, die schöne Jugendstilgärtnerin mit dem Korb voller Rosen von Eugène Grasset, die kraftvoll in Öl aufgetragene gelbe Teehybride von Vincent van Gogh und ganze Gebinde, Gehänge oder Blumengirlanden aus Altarbildern, persischen, israelischen und süddeutschen Miniaturen auf Pergament.
Der traumhaft schöne, in Gold gefaßte Rosenstrauch in einem Buch aus Kaschmir vom 17. Jahrhundert wetteifert mit den auf Bildern von Gustav Klimt umherflutenden »Teppichmustern« kleiner Wiesen- und Gartenblumen. Es ist eine Lust, das alles vor sich auszubreiten.
Mein schönster Traum würde sich jedoch erfüllen, wenn ich mir aus den Gemäldesammlungen der Museen, die Blumenstücke der alten niederländischen und flandrischen Meister besitzen, ein oder zwei Werke ausleihen und einen Winter lang mit ihnen leben dürfte, bis der nächste Frühling mir neue Blüten bringt. Einen Jan van Huysum zum Beispiel oder einen Osias Beert. Schon auf der Postkarte ist der Blumenzauber, der vor drei bis vier Jahrhunderten unter dem Pinsel dieser Maler entstand, überwältigend.
Obwohl die Blumen auf dem Malgrund zusammenkomponiert und höchst kunstvoll arrangiert sind, kann es keinen Zweifel daran geben, daß die Schöpfer dieser floralen Wunderwerke auch ein wenig Gärtner waren. Nie beschränkten sie sich darauf, die Schönheit einer Blüte für sich allein zu preisen. Immer sahen sie ihr Sujet im Zusammenhang mit der ganzen Natur, mit dem von prallem Leben erfüllten Umfeld, dem es angehörte.
Begriffe wie Ökosystem und Vernetzung von Biotopen waren ihnen nicht bekannt, aber sie haben gemalt, was sie davon wußten und was die Gründerzeit-Generation mit ihren berüchtigten »Makartbouquets« aus Straußenfedern schon längst vergessen hatte.
In den Blumensträußen der alten Meister sind die unscheinbaren Wiesenkräuter, Wildblüten und zarten Gräser vom Wegesrand innig verflochten mit den prunkvollen Rosen, Tulpen und Mohnblüten aus den Gärten der Reichen. Schmetterlinge und Raupen, Libellen und Schnecken, Vogelnester mit Eiern, glänzend rote Kirschen, samtige Pfirsiche oder helle Trauben, transparent wie grünliches Glas, sind den überreichen Blumengestecken

Prachtvoll entfalten sich die edlen Gartenblumen auf der Leinwand des niederländischen Malers Jan Davidsz de Heem (1606–1683). Doch wie reizvoll ist auch das bescheidene Beiwerk: Gras und Wildkräuter, Schmetterlinge, Raupen und Schnecken, Erbsen, Mais, Getreide, Geißblatt, Stachelbeeren und Brombeeren. Nicht umsonst war de Heem für seine genaue Beobachtung und liebevolle Darstellung der Details berühmt.

Weh mir, wo nehm ich, wenn es Winter ist, die Blumen, und wo den Sonnenschein und den Schatten der Erd?

FRIEDRICH HÖLDERLIN

Zu einem Spaziergang durch das ganze Gartenjahr lädt die holländische Blumenmalerin Rachel Ruys (1664 – 1750) ein. Sie beginnt mit den Tulpen und Narzissen, verweilt genießerisch bei gefüllten Ranunkeln, Päonien, üppigem Mohn und dreierlei Arten Rosen, um schließlich bei den köstlichsten Früchten des Herbstes zu enden: bei Nüssen, Trauben, Pfirsichen und Mirabellen. Für praktische Obstgärtner ist dieses Bild außerdem der Beweis, daß die Pfirsichbäume schon vor 300 Jahren die Kräuselkrankheit hatten.

als bescheidene Beigaben zugeordnet. Sie vermitteln den Eindruck, als sei das ganze Arrangement soeben aus einem sonnendurchfluteten, duftenden Garten ins Haus geholt worden.

Die Augen gehen auf diesen Bildern spazieren. Sie entdecken alte, vertraute Schönheiten und längst verlorengegangene Formen und Sorten. Ach, könnte man das alles im Garten haben und zu so leuchtenden Gebilden zusammenstellen!

Doch das Kunststück, das der Maler vollbrachte, würde uns nicht gelingen. Narzissen, Tulpen, Mohn, Iris und Rosen blühen in der Realität zu verschiedenen Zeiten. Deshalb konnten Sträuße wie die im 17. Jahrhundert gemalten nur auf der Leinwand »gesteckt« werden. Sie sind ein Geschenk schönheitstrunkener, genialer Malerphantasie.

Und sie sind auch ein Geschenk an botanisch und gartengeschichtlich interessierte Blumenfreunde, denn wie aus Katalogen läßt sich heute von diesen Bildern ablesen, was sich zwischen 1600 und 1750 im Blumengarten tat. Die Bildberichterstattung war sehr präzise und anscheinend immer auf dem aktuellsten Stand.

So malte Gillis van Coninxloo schon vor 1607 in einem prachtvollen Strauß mit Madonnenlilien, gestreiften Tulpen, Alba- und Zentifolienrosen fünf Blüten der *Tagetes patula,* die doch erst Ende des 16. Jahrhunderts von Mexiko nach Europa gekommen war.

Gefüllte und ungefüllte Tagetesblüten in Braun und Goldgelb, die braunen mit einem feinen gelben Saum an jedem Blütenblatt. Sie sind, obwohl so viel kleiner als all die anderen Blumen, der wichtigste Teil des Bildes, denn sie stehen im Zentrum der Komposition.

Der blutrote, dicht gefüllte Mohn mit den zerfransten Blütenblättern muß in der zweiten Hälfte des 17. Jahrhunderts neu gewesen sein, denn Jan van Kessel und Jan van Huysum ordneten ihm in ihren Bildern alles unter. Willem van Aelst machte 1656 prachtvoll gefüllte Stockrosen *(Althea rosea)* zur Hauptattraktion seines Blumenstillebens, und Cornelis van Spaendonck (nicht zu verwechseln mit Redoutés berühmtem Lehrmeister Gerard van Spaendonck) krönte ein undatiertes Werk mit zwei phantastischen Blütenständen des einjährigen Hahnenkamms *(Celosia cristata),* der heute ganz vergessen ist.

Osias Beert und die Maler Ykens und Schut brachten die weißen Blütendolden des Schneeballstrauchs in ihre Blumenstücke, und bei Osias Beert taucht um 1600 schon der Flieder auf.

Gefüllte Hyazinthen, gefüllter Rittersporn, gefüllte Akeleien und gefüllte, scharlachrote Anemonen – wo ist all dieser barokke Überfluß geblieben? Was wir dagegen noch heute haben, das sind Aurikeln, gestreifte Nelken und Tulpen, die Purpurwinde, Iris und Narzissen in allen Formen, Schachbrettblumen, Kaiserkronen und Rosen, Rosen, Rosen ...

Sogar die Tulpe »Zomerschoon« von 1620, ein rotweiß geflammtes Kind aus der Zeit des holländischen Tulpenwahns, ist noch am Leben und im Handel. Ihr Abbild findet sich auf einem prachtvollen Blumenstück des Malers Fries, das 1990 beinahe beim Brand eines Antwerpener Museums vernichtet worden wäre. Hier tun Bild und Blume, zwei Überlebenskünstler, sich zusammen und schlagen eine Brücke über vier Jahrhunderte Gartenlust bis in unsere Zeit.

Bildnachweis

AKG 116, 119; Borkowski 4/5, 45, 57, 58/59, 64/65, 68/69, 70, 78, 82/83, 84/85, 88, 90/91, 92/93, 100/101, 104, 106/107, 108, Vorsatz, Schmutztitel; Borstell 2/3, 6/7, 9, 10/11, 12/13, 16/17, 18/19, 20/21, 24, 27, 32/33, 34/35, 37, 38/39, 41, 42/43, 44, 46/47, 48/49, 50/51, 52/53, 54u, 54o, 56, 62/63, 64, 65, 66/67, 68, 70/71, 71, 75, 76/77, 82, 83, 84, 89, 94, 95, 99, 102/103, 104, 105, 109; Hoppe 72/73, 74; Morell 26; Nissen 86/87, 93; Pforr 15, 19, 22, 25, 40, 78/79, 79, 80/81; Redeleit 61, 110/111, 112; Reinhard 8, 30; Seidl 23; Strauß 28/29, 36; Wetter 113; Willner 14, 31, 96/97, 98 115; Zeininger 51o, 51u, 55, 60, 114.

Quellenangaben: Karl Foerster, Ferien vom Ach, Union Verlag 1965 (S. 34, 58, 96); Margot Scharpenberg, Gefährliche Übung, Piper 1957 (S. 105); Rabindranath Tagore, Die Gabe des Liebenden, Hyperion-Verlag, Freiburg (S. 16, 86); Georg von der Vring, Tage der Rosen, Tage des Glücks, C. J. Bucher 1984 (S. 111).

Die Deutsche Bibliothek – CIP-Einheitsaufnahme
... und füllt mein Herz mit Freude : aus meinem Gartentagebuch / Gerda Nissen. – 2., durchges. Aufl. – München ; Wien ; Zürich : BLV, 1996
ISBN 3-405-14751-4
NE: Nissen, Gerda

Zweite, durchgesehene Auflage

BLV Verlagsgesellschaft
München Wien Zürich
80797 München

Einbandgestaltung: Studio Schübel
Einbandfotos: Ursel Borstell
Lektorat: Barbara Kiesewetter
Herstellung: Hermann Maxant

Satz und Layout: Anton Walter, Gundelfingen

Reproduktion: Repro Ludwig, Zell a. See
Druck und Bindung: Istituto Grafico Bertello

Printed in Italy · ISBN 3-405-14751-4